la revolución del
autocuidado

T0054772

A mi padre. Al perderte, encontré mi objetivo.
A mi madre, que me infundió ese conocimiento profundo y fundamental
de sentirme segura, amada, apoyada.
A mi marido, quien me contagió su firme creencia en mí misma.
A mis hermanos, quienes me enseñaron el poder que tiene el humor
para transformarnos.
A Charlotte y Teddy, mis tesoros, ¡nutríos siempre!

BLUME

Título original   *The Self-Care Revolution*

Edición Kate Adams, Pauline Bache, Karen Rigden
Dirección de arte Yasia Williams-Leedham
Ilustración Abigail Read
Documentación iconográfica Giulia Hetherington
Traducción Rosa Cano Camarasa
Coordinación de la edición en lengua española Cristina Rodríguez Fischer

Primera edición en lengua española 2019

© 2019 Naturart, S.A. Editado por BLUME
Carrer de les Alberes, 52, 2.º Vallvidrera, 08017 Barcelona
Tel. 93 205 40 00 e-mail: info@blume.net
© 2017 Aster, Octopus Publishing Group Ltd, Londres
© 2017 del texto Suzy Reading

ISBN: 978-84-17492-66-3

Impreso en China

WWW.BLUME.NET

Este libro se ha impreso sobre papel manufacturado con
materia prima procedente de bosques de gestión responsable.
En la producción de nuestros libros procuramos, con el máximo
empeño, cumplir con los requisitos medioambientales que
promueven la conservación y el uso responsable de los bosques,
en especial de los bosques primarios. Asimismo, en nuestra
preocupación por el planeta, intentamos emplear al máximo
materiales reciclados y solicitamos a nuestros proveedores
que usen materiales de manufactura cuya fabricación
esté libre de cloro elemental (ECF) o de metales pesados,
entre otros.

la revolución del
autocuidado

hábitos inteligentes y prácticas sencillas para florecer

Suzy Reading

BLUME

Contenido

prefacio

BOMBAZO: INCLUSO LOS
PSICÓLOGOS SE DEPRIMEN

▸ Recuerdo, cuando yacía en la cama de un hospital, una luz mortecina que se filtraba por las persianas, y yo me maravillaba de seguir viva. Pensaba en mi preciosa hija recién nacida y me preguntaba cómo demonios iba a cuidar de ella si ni siquiera estaba segura de poder ocuparme de mí misma. No es que no quisiese estar viva, era más bien una cuestión de cómo iba a reunir la energía o la fuerza necesarias para seguir viviendo.

En ese momento de mi vida en el que me sentí sin ninguna energía fue precisamente cuando tuve que afrontar una situación del todo nueva para mí. Cualquier madre o padre corroborará el reto que supone cuidar de un recién nacido. Asimismo, en un momento en que necesitaba a mis padres como nunca, estaba perdiendo a mi padre, y, por un tiempo, también a mi madre. Mi padre también yacía en una cama de hospital luchando contra la enfermedad. Mi madre estaba incondicionalmente a su lado, era su defensora cuando él no podía expresarse, y allí permaneció durante meses.

Me sentía del todo expuesta, desnuda y rota. El mundo me parecía un lugar por completo diferente y me daba cuenta de que estaba en un momento de transición, pero no sabía cómo lidiar con él. Precisaba que alguien me ayudase a entender estos sentimientos y lo dije. Me enviaron a un señor con barba que me habló del riesgo de que me autolesionase o de que me convirtiera en un peligro para mi hija. Esto fue el inicio de lo que considero un viaje absolutamente decepcionante por el sistema sanitario.

No es que el señor no mostrase compasión, es que mi llamada de socorro no fue respondida con lo que yo necesitaba. Una persona que me escuchase, que me comprendiese y que pronunciara unas palabras de ánimo hubiese sido suficiente. Alguien que me diese permiso para sentirme como me sentía, que me dijese: «Es normal que te sientas así». Me costó mucho tiempo encontrar el tipo de apoyo que precisaba. Si usted se identifica con estas palabras, por favor, no desista. Espero que este libro le ayude.

No sé si era agotamiento, pena, depresión posparto o una combinación de las tres cosas. En realidad, no creo que sea necesaria ninguna etiqueta: era una respuesta humana normal a un conjunto de variables extremadamente tóxicas. Fuese lo que fuese, lo pasé muy mal.

Mi marido y yo acabábamos de trasladarnos a Sídney desde Reino Unido, a la casa de mi familia, para estar cerca de mis padres y crear nuestra propia familia. Habíamos pasado un año muy preocupados por la salud de mi padre y sabíamos que tenía algo grave. Mi padre, un médico muy apreciado, había estado investigando las causas de su cansancio y de su pronunciado envejecimiento, pero no había encontrado respuestas. Una noche tenía tan mala cara que le pregunté con delicadeza si lo llevábamos al hospital. Dijo que no, que iría por la mañana. Unas horas más tarde, mi madre

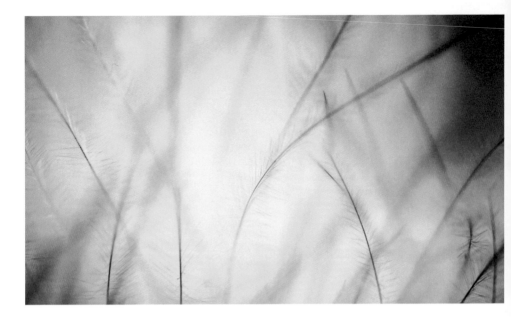

llamó a la puerta de mi habitación para decirme
que había llamado a una ambulancia. Bajé y vi a mi
padre en la cama, respirando con mucha dificultad y
temblando por la falta de oxígeno. Le tomé la mano
y lo único que pude hacer fue tranquilizarle diciéndole
que estábamos a su lado y que enseguida llegaría
la ambulancia. Embarazada de cuarenta semanas
y con la sensibilidad a flor de piel, ser testigo de este
hecho tuvo, como es comprensible, un efecto indeleble
en mí y en mi sistema nervioso.

Mi marido, mi madre y yo nos sentamos al lado de
la sala de reanimación, en el mismo hospital en el que
iba a dar a luz, esperando a que nos dijesen si mi padre
sería capaz de superar la insuficiencia respiratoria.
Los enfermeros de la ambulancia nos habían comentado
que lo más probable es que no llegase al hospital y,
totalmente aturdida, esperé hasta la madrugada, cuando
una enfermera me sugirió con tranquilidad que me fuese
a casa a descansar. En realidad, mi salud y la perspectiva

de dar a luz era lo último en lo que pensaba; estaba del todo absorta en la situación.

Contra todo pronóstico, mi padre superó la insuficiencia respiratoria y, aunque estaba en coma y conectado a un respirador, sobrevivió. Los médicos no se explicaban qué se la había provocado, y nosotros no sabíamos si saldría del coma y, en caso de que lo hiciese, ni siquiera sabíamos qué facultades conservaría. Fue una semana larga y angustiosa de «últimos adioses» antes de que yo me pusiese de parto de mi primera hija: Charlotte Rose. Dar a luz después de un período de semejante estrés emocional agotó hasta el último gramo de energía que tenía. Empecé mi vida como madre con la energía por los suelos, traumatizada y muy triste.

Mi padre pasó los siguientes cuatro meses en cuidados intensivos, soportando pruebas y procedimientos invasivos, y ninguno de ellos proporcionó un diagnóstico o la esperanza de un tratamiento. Los primeros meses de vida de Charlotte giraron en torno a las visitas al hospital y hubo muy pocos respiros. Mi madre, tras meses ocupándose de las necesidades de mi padre a expensas de las suyas, tuvo que ser hospitalizada porque padecía celulitis bacteriana, una infección que puede ser muy grave sin tratamiento. De modo que durante unas semanas, me encontré con un bebé que tenía reflujos y no dormía más de unas pocas horas seguidas y con mis padres ingresados en diferentes hospitales y con distintas necesidades. La verdad es que esa experiencia estuvo a punto de acabar conmigo. Por suerte, mi madre se recuperó por completo y mi padre recuperó poco a poco la capacidad de respirar por sí solo cuando estaba despierto y la habilidad de andar. Sin embargo, después de varias semanas de ejercicios intensivos en un centro de rehabilitación, quedó claro que nunca se recuperaría lo suficiente para regresar a casa.

Debido a todos los cuidados que necesitaba, no había mucha elección, y al final acabó en una residencia de la que nunca estuvimos muy contentos, aunque no había otra opción. Era el tipo de lugar del que sabías que las personas que vivían allí no iban a ir a ninguna parte y yo lo encontraba muy deprimente. La gente aparecía de repente de no sabía dónde cuando iba a visitar a mi padre con Charlotte —un bebé sano era algo irresistible, una transfusión de luz y de vida; sin embargo, no era un lugar donde uno quiere llevar a su niña.

Este capítulo de mi vida se caracterizó por un profundo sentimiento de culpabilidad, en primer lugar por el hecho de que mi padre estuviese en un lugar donde no deseaba estar. Lo cierto es que yo quería que acabase su sufrimiento. La realidad de esta afirmación me producía un abrumador sentimiento de culpabilidad. Explico esta parte de mi vida no para deprimir ni para provocar lástima, sino porque desde entonces me he encontrado con muchas personas que han pasado por experiencias similares, y mi mensaje es muy simple: concédase permiso para pensar y sentir lo que siente, no implica ser una mala persona, implica ser humano. La culpabilidad que uno acumula ni la necesita ni se la merece. Por favor, no sea duro consigo mismo.

Presenciar el angustioso declive de mi padre dominó totalmente el primer capítulo de la vida de Charlotte. Uno no puede dividir su mente en dos. No podía llorar por el estado de mi padre y a la vez celebrar el nacimiento de mi hija. Resumiendo, la pena ganó. Sin un diagnóstico y, por tanto, sin tratamiento, fue una espera dolorosa. Seguía vivo, pero no era más que una sombra de sí mismo y con una calidad de vida muy mermada; seguía luchando por cada respiración y por completar las tareas cotidianas más pequeñas. Una situación que no se la desearías ni a tu peor enemigo. Al final murió cuando Charlotte tenía

quince meses y, tras su fallecimiento, le diagnosticaron un rara variante de una enfermedad neurológica motora: nada le hubiese salvado. Que mi padre dejase de sufrir supuso un profundo alivio y nos proporcionó el espacio necesario para empezar el proceso de recuperación. La única cosa buena de todo esto fue que pudo conocer a Charlotte Rose y ver crecer a su nieta.

Durante esos quince meses bajo el peso de toda esa angustia sentía que mi sistema nervioso estaba completamente destrozado. Estaba siempre con los nervios a flor de piel, lloraba, enseguida me enfadaba y era muy sensible al ruido y a los estímulos. Había empezado a aislarme a nivel social —me resultaba difícil conversar y me parecía que era imposible hacer planes con un bebé inquieto—. Una y otra vez me preguntaba cómo iba a poder continuar así. Fui a ver varias veces a mi médico para pedirle ayuda porque me sentía agotada y deprimida. Me dio lo que yo consideré

dos opciones decepcionantes: tomar antidepresivos
para que me ayudasen a afrontar mejor la situación
o minimizar el estrés en mi vida. No podía dejar de cuidar
a mi hija ni a mi padre y no quería alterar la química
del cerebro porque me parecía que estaba teniendo
una reacción humana normal frente a un intenso
cúmulo de circunstancias.

Por suerte, encontré un camino entre esas dos
posibilidades. Como psicóloga y profesora de yoga
sabía que existían otras opciones, tan solo me faltaba
la energía para seguir ese camino por mí misma. Escuché
por primera vez el término «autocuidado» gracias a una
especialista en depresión posparto. Enseguida me intrigó,
y no pude entender cómo en seis años de estudios de
psicología nunca lo había oído. Incluso ahora, cuando
buscas «autocuidado» en Google, es muy probable que
encuentres consejos sobre cómo seguir la medicación.
Desde mi viaje curativo y ahora en mi función como

psicóloga especializada en el bienestar emocional, he llegado a la conclusión de que el autocuidado es mucho más: es la asistencia sanitaria proactiva. Yo lo veo como el futuro de la medicina preventiva y el camino para sentirme completa, sana, contenta y la mejor versión de mí misma. Aunque el autocuidado fue suficiente para que me recuperase, es importante señalar que hay momentos y situaciones en los que los antidepresivos son convenientes; pueden ayudar cuando más se necesita y son esenciales para controlar algunas enfermedades. El autocuidado puede ser un medio adicional para sentirse mejor, pero no necesariamente una alternativa.

Mi consejera me hizo ver que el autocuidado era una forma de nutrirme, de recuperar mis niveles de energía para poder protegerme y curarme de la tormenta de estrés en la que me encontraba. No iba a eliminar el dolor, pero me iba a proporcionar la capacidad de enfrentarme mejor y de seguir adelante. En primer lugar, me animó a pensar en todas las cosas que solía hacer para cuidarme. La mayoría había dejado de hacerlas porque estaba muy ocupada o demasiado cansada, y muchas de ellas simplemente no eran accesibles porque mi vida y mis circunstancias habían cambiado. Los días de los paseos por la playa, las películas con amigos, las clases de yoga y el spa parecían pertenecer a otra vida. Juntas estudiamos lo que de manera realista podría reincorporar a mi vida y consideramos nuevas maneras de recuperarme.

Poco a poco, volví a mi esterilla de yoga, aunque solo fuese para estirarme sobre ella. Cada día me daba un paseo en el que me dejaba llevar en lugar de cavilar. Empecé a leer de nuevo libros optimistas y evité de un modo deliberado actividades que socavaban el ánimo. Dejé de ver por un tiempo el telediario vespertino, que puede resultar tóxico para un cuerpo y una mente deprimidos. Esto fue suficiente para provocar un cambio en mi energía y otro muy notable en mi forma de ver las cosas.

Hizo que aflorase mi pasión por el autocuidado y el deseo de ofrecer a otros estas herramientas para que recuperaran su salud y su bienestar. Esta es la razón por la que he escrito este libro: para compartir estas estrategias con usted con la esperanza de que puedan ayudarle a recuperarse y pueda seguir adelante y estar más preparado para la montaña rusa que es la vida.

Así que, incluso los psicólogos se deprimen... quizás esto le resulte obvio. Perfecto. Imagino que si puede normalizar la forma en que se siente aunque solo sea una persona, merece la pena decirlo. Aprender que nuestros sentimientos son normales nos ofrece la oportunidad de sanar. Nadie es inmune al estrés, al cansancio, al crítico que lleva dentro o lo que yo veo como un cúmulo de tragedias a medida que nos hacemos mayores —todos perdemos a seres queridos, todos tenemos una mente y un cuerpo falibles—. Si se siente de capa caída, no está solo. Yo también me he sentido así y recuperé la vitalidad y ahora quiero compartir con usted esas herramientas.

Lo que necesitamos son pequeños momentos de cuidados distribuidos a lo largo del día. De eso precisamente trata este libro: de ofrecerle un conjunto de herramientas a medida para su autocuidado, que le ayuden a lidiar con el estrés, la pérdida y el cambio, que le permitan sanar y le eviten sentirse agotado y cultiven la claridad y le posibiliten aprovechar al máximo las alegrías de la vida. Léalo, amigo, estamos juntos en esto.

Si se siente de capa caída, sepa que no está solo, yo he recuperado la vitalidad y quiero compartir con usted esas herramientas.

INTRODUCCIÓN AL AUTOCUIDADO

▸ Hace unos años, durante una visita a la familia de mi marido en Reino Unido, enseguida nos dimos cuenta de que mi suegro no se encontraba nada bien. Después de haber tenido el privilegio de estar con mi padre durante el último capítulo de su vida, no quería que mi marido se perdiese ese preciado tiempo. De modo que regresamos a Australia, empaquetamos nuestra vida en Sídney y nos mudamos de nuevo a Reino Unido; estábamos esperando nuestro segundo hijo. Pensábamos que íbamos a disfrutar todos juntos varios años, pero al final resultó que solo fueron unos meses y de nuevo nos vimos llorando su pérdida e intentando celebrar una nueva vida.

Sabíamos que embarcarnos en ese cambio iba a ser difícil, y lo fue, incluso más doloroso y agotador de lo que había previsto. Pero esta vez no me hundí; en ningún momento durante todo ese período de confusión dejé de querer estar en este mundo. Es cierto que ahora me sentía mejor, que cada bebé es distinto, pero la principal razón de mi mayor capacidad de resistencia en medio de esos retos de locura era el autocuidado regular.

¿QUÉ ES EL AUTOCUIDADO?

▸ El autocuidado es cualquier actividad vigorizadora que devuelva, mantenga o mejore su salud. En términos sencillos, yo pienso en el autocuidado como «alimentación». La mayoría de las personas, cuando les preguntan sobre el autocuidado, mencionan cosas como tratamientos faciales, salir a cenar y vacaciones; evidentemente tienen toda la razón del mundo, pero el autocuidado es mucho más.

El problema con las actividades que suelen ocurrírseles a la mayor parte de la gente es que pueden ser costosas, necesitar mucho tiempo y tener que reservarlas con anterioridad, y eso hace que resulten difíciles de realizar en momentos de verdadera necesidad. Este libro le mostrará muchas maneras de reponerse que implican poco tiempo y energía, y suponen poco gasto. Sencillos mecanismos para potenciar el estado de ánimo, como llevar su color preferido o rociarse con su colonia favorita, o sencillas formas de relajación, como estirarse durante cinco minutos con las piernas apoyadas en la pared o contemplar durante unos instantes las nubes en movimiento.

El autocuidado ayuda a las personas a convertirse en su mejor versión.

SU SALDO ENERGÉTICO

▸ Cuando a mis clientes les hablo por primera vez del autocuidado, me gusta utilizar el concepto de que todos tenemos un «saldo energético». De la misma manera que un vehículo necesita carburante para funcionar, nosotros precisamos energía para pasar el día. El autocuidado es como llenar el depósito de gasolina: cada actividad es un ingreso en nuestro banco de energía. Necesitamos tener un buen saldo de energía para poder enfrentarnos a las exigencias normales de la vida. Si apenas consigue apañárselas con el *status quo* de la vida, ¿cómo va a hacer frente a las situaciones imprevistas que surgen en la vida? Por ejemplo, si usted o alguien que está a su cuidado enferma y se pasa la noche en pie, si el trabajo se complica, si tiene un accidente, o si le promocionan en el trabajo. Incluso eventos muy deseados pueden ponernos a prueba, por ejemplo, planear unas vacaciones o crear una familia. Como el estrés es una parte inevitable de la vida, creo que tiene más sentido gestionar nuestras reservas de energía en lugar de intentar gestionar el estrés. Cuando nos sentimos sanos y llenos de energía, soportamos mucho mejor el estrés. El autocuidado regular ofrece la mejor oportunidad de manejar todos los retos que se nos presentan.

Otra imagen que me gusta utilizar es la de «llenar la taza». Cuando la gente dice que se siente egoísta por tomarse tiempo para ella misma, la imagen de la taza ayuda. No se puede verter nada de una taza vacía, de modo que reponer la energía es la única manera de asegurar la capacidad de seguir ofreciendo. Otra metáfora es pensar en el autocuidado como en la mascarilla de oxígeno de los aviones en caso de emergencia. Para la seguridad de todos los que están a su cuidado, debe asegurarse de que tiene la mascarilla puesta antes de ayudar a los que están a su cargo.

AUTOCUIDADO DE LA MENTE Y DEL CUERPO

▶ Lo que he observado en mi carrera como entrenadora personal de yoga y como psicóloga es que la gente en general suele percibir la salud física como algo importante. Las campañas de salud pública han sido muy efectivas para promover una alimentación saludable, ejercicio regular, que se consuma menos alcohol y la necesidad de priorizar un sueño adecuado.

Por otro lado, las estrategias que podríamos emplear para alimentar a nuestra salud mental o emocional se consideran más costosas o indulgentes. Me encantaría cuestionar esto. Además, el estigma unido a la salud mental hace que digamos: «Estoy bien, gracias, no necesito eso...». Es increíble la cantidad de personas traumatizadas con las que me encuentro que dicen que no precisan ayuda, que lo llevan bien, y son las que más se beneficiarían si tuviesen a alguien con quien hablar. Me encantaría ver un cambio en la percepción pública para que considerase el cuidado de la mente algo tan atrayente y tan aceptado a nivel social como trabajar los abdominales. De modo que mi misión es hacerle pensar en prácticas que le ayuden a cuidar la mente, las emociones y la energía.

EL AUTOCUIDADO NO ES UN ACTO EGOÍSTA

▸ A menudo, durante períodos de estrés, pérdida y cambio, uno se olvida del autocuidado, pero justo es en esos momentos cuando más lo necesitamos —eso es exactamente lo que me pasó a mí—. Ahora, en mi consulta de psicología, oigo a mis pacientes diciendo las mismas cosas; etiquetan el autocuidado como «muy difícil», «egoísta» o «autocompasivo». Para aquellos que consideran que es egoísta, piensen por un momento qué les pasaría a las personas que están a su alrededor si usted cayese. ¿Qué carga caería sobre ellas si usted fuese incapaz de desempeñar su papel? Si no quiere realizar el autocuidado por usted, al menos hágalo por las personas que están a su alrededor. Si le ayuda, piense en el autocuidado no como «yo primero», sino como «yo también».

AUTOCUIDADO. POR QUÉ NECESITAMOS SER PROACTIVOS

▶ Cuando las cosas se ponen difíciles, es común sentir que no se tiene el tiempo, el espacio o la energía necesarios para el autocuidado. Esto es una fórmula para que la salud física se deteriore, para el agotamiento y, si dura mucho tiempo, la ansiedad y la depresión. La Organización Mundial de la Salud ha pronosticado que para el año 2030 la depresión será globalmente la primera causa de carga de enfermedad[1]. Está claro que no podemos permitirnos ser complacientes. En este libro aprenderá toda una serie de actividades de autocuidado que acabará por completo con la culpabilidad y las barreras percibidas.

Mi experiencia me ha enseñado que, cuando estamos estresados, nuestros métodos usuales de reabastecimiento pueden resultar inaccesibles y nos faltan los recursos para pensar de forma creativa sobre cómo crear nuevos rituales de autocuidado. Por esta razón necesitamos poner de relieve el concepto de autocuidado y, de manera ideal, antes de agotar nuestras energías. Tenemos que hablar abiertamente de este concepto con nuestros familiares y amigos. Debemos concienciarnos sobre las formas en que podemos aumentar el saldo de energía para así enfrentarnos mejor al estrés. Tenemos que apoyarnos los unos a los otros en las épocas difíciles, porque cuando te encuentras en momentos así puede resultar complicado encontrar respuestas.

Lo que comprendí con mi propia experiencia es que las cosas que hacía bien de forma normal y natural, en términos de pensamientos constructivos y de patrones de comportamiento, dejé de realizarlas cuando estaba estresada y agotada. Sin embargo, lo realmente alentador es que cuando me incliné por el autocuidado, recuperé enseguida estas habilidades. De la misma manera, cuando animo a mis clientes a tomar medidas regulares para «llenar la taza», suelen tomar mejores decisiones de forma natural, tienen más energía para protegerse y son capaces de pensar de manera más constructiva.

¿POR QUÉ NECESITAMOS AUTOCUIDADO?

En primer lugar, pasemos a un plano general para ver algunos de los puntos sobre el estrés:

▸ **El estrés no va a desaparecer.** El estrés forma parte de la vida. De hecho, la vida sería bastante aburrida sin cierto estrés que nos mantuviese activos y alerta. No es bueno decir: «Estaré contento cuando...». El día que ya no haya estrés es que se está criando malvas.

▸ **El estrés tiene un efecto acumulativo.** El estrés de la vida diaria puede acumularse y hacernos reaccionar de un modo inadecuado frente a cuestiones menores —la clave consiste en liberar tensión regularmente a lo largo del día para evitar convertirse en un volcán—. Esconder la cabeza y decir que ya lo arreglaremos más tarde puede hacer estragos en nuestra salud y pasarnos factura en todos los aspectos de nuestra vida.

▸ **Demasiado estrés es peligroso.** El estrés es la causa de muchos problemas de salud mental y física. Las pruebas de que demasiado estrés, tanto en intensidad como en duración, nos puede hacer enfermar, son abrumadoras. No podemos permitirnos ser complacientes con respecto a los niveles de estrés: demasiado reduce en gran medida nuestra capacidad para disfrutar de la vida.

Una encuesta realizada a 2000 personas en Reino Unido en 2015 arrojó unos resultados bastante reveladores. La friolera de nueve de cada diez mujeres dijeron que se sentían estresadas, y un 36 % afirmó que se sentían estresadas todos los días. Una nota esperanzadora es que la mitad de las encuestadas afirmó que tomarse tiempo para cuidar de su salud y de su bienestar era una prioridad. Sin embargo, todavía queda mucho para conseguir que el autocuidado forme parte activa de la vida diaria, pues el 49 % de las mujeres considera que no tiene suficiente tiempo para cuidarse. Fueron estos resultados los que me hicieron lanzarme a promocionar las herramientas de autocuidado y, desde entonces, he realizado varios talleres que han tenido una gran aceptación.

¿CÓMO AYUDA EL AUTOCUIDADO?

▸ **El autocuidado nos ayuda a AFRONTAR** la enfermedad, el estrés, la pérdida y el cambio. Atiendo a cuidadores que vienen a verme para que les ayude a hacer frente a lo que supone cuidar de un ser querido, a padres para adaptarse a la nueva vida con un recién nacido, a madres que sufren depresión posparto, a gente que empieza una nueva vida después de un traslado, a ejecutivos que trabajan muchas horas y a adolescentes estresados por los exámenes.

▸ **El autocuidado nos ayuda a RECUPERARNOS** de la enfermedad, del estrés, de la pérdida y del cambio. Algunos de mis clientes buscan ayuda por la pérdida de un ser querido, por una traición, por un despido, porque se están recuperando de una serie de problemas como una depresión, una enfermedad grave o un divorcio.

▸ **El autocuidado tiene una FUNCIÓN PROTECTORA,** forma un parachoques contra el estrés futuro. A veces sabemos que nos vamos a encontrar con una situación complicada, y yo he trabajado con personas maravillosas y proactivas que se preparan para afrontar acontecimientos y situaciones que van a cambiar sus vidas. Soy consciente de que si hubiese conocido el concepto de autocuidado, habría hecho las cosas de forma diferente la semana anterior al nacimiento de Charlotte. De haberlo hecho, quizás no hubiese enfermado.

▸ **El autocuidado nos ayuda a CRECER** como individuos. En mi agencia de *coaching*, los clientes tienen en mente diferentes objetivos. El autocuidado ayuda a las personas a convertirse en la mejor versión de sí mismas. De este modo, tengo clientes que vienen para que les ayude a convertirse en el tipo de padre que quieren ser, que desean empezar una nueva carrera profesional, volver a sentirse útiles después de la jubilación o conseguir sentirse como desean.

▸ ¿Qué es el síndrome de desgaste profesional?
Yo lo describo como una quiebra de la energía, y cada
vez hay más personas que lo sufren. Se caracteriza
por un agotamiento que se manifiesta emocional, mental
y físicamente. Es un estado abrumador, en el que sientes
que ya no te queda nada más que dar y no puedes ignorar
la súplica del cuerpo para una pausa.

▸ Épocas prolongadas de estrés o de mucho trabajo
a menudo provocan desgaste profesional. Puede
causarlo el hecho de que coincidan demasiadas cargas
o un período acumulativo de estrés —cuando sucede una
cosa tras otra—. También lo causa estar sujetos a muchas
exigencias, una ambición desmedida y el esfuerzo excesivo.
Nos hacemos vulnerables cuando descuidamos nuestra
salud, cuando nos excedemos haciendo cosas como
si fuésemos invencibles.

Épocas prolongadas de estrés o de mucho trabajo a menudo provocan desgaste profesional.

¿Qué señales hay que buscar?

- Agotamiento, problemas para dormir a pesar del cansancio, dificultad para desconectar y sensación de estimulación excesiva.

- Una inhibición general del sistema inmune, que se manifiesta con brotes frecuentes de enfermedades leves como herpes, cefaleas o resfriados comunes o una enfermedad persistente.

- Dolores musculares, dolores en general y tensión física.

- Bajo estado de ánimo, disminución del apetito, dificultad para concentrarse o disfrutar menos de la vida. Sensación de sentirse atrapado y abrumado.

- Ansiedad, ira, susceptibilidad e irritabilidad. Tendencia a generalizar sobre los problemas, al catastrofismo o a perder la perspectiva y tomarse las cosas personalmente.

El autocuidado le ayudará a sanar su cuerpo del desgaste profesional. Si siempre se siente abrumado, priorice las actividades relajantes y las elecciones que restablezcan el equilibrio en su vida. Yo le guiaré durante todo el proceso. Incluso aunque sienta que dispone de energía, adoptar una práctica de autocuidado regular le protegerá de los envites del estrés y reducirá el riesgo de padecer el síndrome de desgaste profesional.

pequeñas perlas ›

▸ El estrés no va a desaparecer, de modo que más que gestionar el estrés es mejor concentrarse en gestionar la energía. El autocuidado es la forma en que aumentamos nuestro saldo de energía, y nuestro objetivo es conseguir micromomentos diarios que aumenten esa energía.

▸ El autocuidado en su definición más sencilla significa alimentar la mente, el corazón y el cuerpo.

▸ El autocuidado estimula nuestra capacidad de recuperación y nos protege del desgaste profesional y del estrés futuro.

▸ Necesitamos autocuidado para que nos ayude a afrontar el estrés, la pérdida y el cambio, y superarlos.

▸ El autocuidado no es un acto egoísta. Si uno no se cuida es muy difícil ocuparse de los demás. Algunas de las barreras percibidas con respecto al autocuidado incluyen sentimientos de culpabilidad (utilice el siguiente mantra: no es «yo primero», sino «yo también») y la sensación de que no se tiene ni el tiempo ni la energía suficientes para llevarlo a cabo. Adoptar el autocuidado le dará la oportunidad de ser la persona en que aspira convertirse.

notas para mí ›

_____

_____

_____

_____

_____

_____

_____

_____

_____

_____

_____

_____

_____

_____

_____

_____

_____

_____

_____

_____

_____

_____

RUEDA DE LA VITALIDAD DEL AUTOCUIDADO

▶ Cuando empecé a sentirme desbordante de vitalidad, me di cuenta de que el concepto de autocuidado podría ser algo de gran valor para otros. De hecho, por primera vez en mi carrera profesional, mis titulaciones dispares en psicología, fitness y yoga parecía que al fin tenían un propósito común: ofrecer a las personas las herramientas del autocuidado. Me dispuse a desarrollar un sistema que pudiese compartir con facilidad y que estuviera inspirado en mis experiencias vitales y en mis cualificaciones. Este sistema está basado principalmente en una nueva rama de la psicología denominada «psicología positiva». Se trata del estudio de la felicidad, el bienestar y las condiciones que hacen que la vida valga la pena vivirla. La información obtenida en las investigaciones realizadas en esta disciplina es perfecta para enseñarnos cómo podemos aprovechar al máximo el autocuidado.

He creado la «rueda de la vitalidad» como un método sencillo para mostrar las diferentes maneras en que se puede aumentar el saldo de energía. El objetivo de esta rueda es ayudarle a cuidar mejor de sí mismo. Este sencillo diagrama le recordará ocho caminos diferentes para conseguirlo.

LOS CAMINOS DE LA RUEDA DE LA VITALIDAD SON:

1 SUEÑO, DESCANSO, RELAJACIÓN Y RESPIRACIÓN

8 VALORES Y PROPÓSITOS

2 EJERCICIO Y ALIMENTACIÓN

7 ESTABLECER OBJETIVOS Y LOGRARLOS

3 MECANISMOS DE RESOLUCIÓN DE PROBLEMAS

6 MECANISMOS PARA MEJORAR EL ESTADO DE ÁNIMO

4 EL ENTORNO FÍSICO

5 NEXOS SOCIALES

rueda de la vitalidad del autocuidado

- Algunos de estos puntos puede que enseguida le resulten familiares y le atraigan, otros pueden resultarle más crípticos y suponer un desafío (tranquilo, no pasa nada).
- No es necesario encarar todas las áreas, solo las que le parezcan más importantes. Aunque la rueda de la vitalidad muestra ocho maneras de recuperar la sensación de energía, equilibrio y calma, algunos de los caminos se superponen y no pretenden diferenciarse. El objetivo de la rueda es que piense en lo que puede hacer en este momento que le ayude. A menudo, nos inclinamos por tipos específicos de autocuidado; por ejemplo, cuando las personas se sienten estresadas, tienden a decantarse por el ejercicio como válvula de escape; así, los consejos que aparecen en este libro pueden ayudarlas a probar una actividad distinta u optar por tomar una dirección diferente para obtener mejores resultados.

La rueda de la vitalidad le ayuda a pensar de manera más abierta sobre cómo alimentar la mente, el corazón y el cuerpo.

Creo que se puede decir que todos conocemos los principios básicos de la salud y el bienestar, pero muchas personas no conocen tan bien los beneficios asociados a invertir en nuestras relaciones, el verdadero valor de la relajación y el sueño, el vigor que produce vivir una vida con sentido o emplear estrategias para enfrentarse mejor al estrés. La rueda de la vitalidad le ayuda a pensar de manera más abierta sobre cómo alimentar la mente, el corazón y el cuerpo. Leyendo los capítulos de su elección, podrá reunir su propia serie de actividades de autocuidado: sus herramientas para el autocuidado.

CÓMO UTILIZAR ESTE LIBRO

▶ Los capítulos del libro recorren en detalle cada radio de la rueda de la vitalidad. Cada capítulo le inspirará con una serie de actividades, ideas y afirmaciones diferentes. También hay secuencias de ejercicios o movimientos de yoga diseñados para ayudarle en su exploración de cada camino de la rueda.

Trabaje con tantos radios de la rueda como desee y lea los capítulos que le parezcan más interesantes, accesibles y gratificantes. Si hay algunos que considera que no son adecuados para usted en este momento, no pasa nada, no hace falta leer el libro en orden. El orden de los capítulos refleja mi viaje personal de curación, el suyo puede ser completamente distinto. Si está preparado para hacer algunos cambios en su estilo de vida, entonces quizás quiera empezar por el capítulo sobre objetivos. Sus intereses, evidentemente, cambiarán con el tiempo, de modo que conviene releer el libro de vez en cuando, observar la rueda de la vitalidad y pensar qué camino le puede resultar adecuado en ese momento concreto. Considere probar las secuencias de yoga, aunque los otros consejos y actividades no le atraigan.

ELABORAR UN «MAPA MENTAL» CON LA RUEDA DE LA VITALIDAD

▸ Un mapa mental es una forma gráfica de representar ideas y conceptos. Es una herramienta visual del pensamiento que le ayuda a estructurar la información, analizar, comprender, integrar y recordar ideas. Piense en la rueda de la vitalidad como en un mapa mental del autocuidado; le permitirá entenderlo en su verdadera amplitud y recordar la información relevante.

Una vez que haya leído un capítulo, cree un mapa mental anotando en una copia de la rueda de la vitalidad los consejos, las ideas y los mantras que le han llamado la atención y vaya añadiendo detalles a medida que vaya leyendo. Cuelgue su rueda personalizada en algún lugar donde la pueda ver a menudo. Así podrá encontrar algo accesible para usted en ese momento.

rueda de la vitalidad del autocuidado

PIENSE EN IDEAS PARA SUS HERRAMIENTAS DE AUTOCUIDADO

▶ Una vez que haya leído varios capítulos, podrá crear su conjunto de herramientas para el autocuidado. Se trata de una lista de actividades para recurrir a ella siempre que necesite subir el ánimo. Yo la guardo en mi diario y en mi móvil para poder consultarla fácilmente. Es mejor escribir la lista de herramientas cuando uno se siente relajado e inspirado. No espere a que la vida le ponga en un aprieto para pensar en el autocuidado, ya que entonces cuesta más ser creativo y tener recursos.

El autocuidado funciona mejor cuando se mantiene al día, evoluciona y se adecúa a las demandas cambiantes de la vida diaria, de modo que conviene crear muchas opciones y escoger diferentes cosas de su conjunto de herramientas para que siga siendo efectivo. En psicología positiva se utiliza un término para describir este efecto: «adaptación hedónica»[2]. Del mismo modo que cuando se hace ejercicio el cuerpo alcanza un punto en el que no cambia más si no se modifica la rutina de ejercicios, los beneficios del bienestar tampoco avanzan si no hay suficiente variedad en el autocuidado. No olvide añadir nuevas actividades o echar un vistazo a un camino distinto de la rueda de vitalidad si empieza a sentirse aburrido o cansado o si su dedicación al autocuidado empieza a flaquear.

No espere a que la vida le ponga en un aprieto para pensar en el autocuidado, ya que entonces cuesta más ser creativo y tener recursos.

LOS SIETE SECRETOS DEL AUTOCUIDADO

1

Repita después de mí:
«El autocuidado no es
un acto egoísta»: siga
repitiéndolo hasta
que se lo crea.

2

Concédase permiso
para tener tiempo para
usted.

3

Tenga una cita consigo mismo
y no proteste, es importante.
No espere a que llegue el momento
adecuado —rara vez lo hace,
y quejarse de ello a las nueve
de la noche el domingo no es
bueno para nadie.

rueda de la vitalidad del autocuidado

4

Planifique su tiempo
y llénelo con algo que
alimente su mente,
su corazón y su cuerpo.

5

DISFRUTE sin pensar en
las consecuencias. Disfrute
también anticipando
el momento y verá cómo
le ayuda a gestionar mejor
incluso antes de haber
tenido su «tiempo para
uno mismo».

6

Observe la espiral ascendente
que ha puesto en marcha: la vitalidad
y la felicidad harán que tenga más
recursos ante el inevitable estrés de
la vida. El autocuidado le ayuda
a ser un ser humano más
compasivo y eficiente.

7

¡Ahora, a por ello!

rueda de la vitalidad del autocuidado

CÓMO LOGRAR EL AUTOCUIDADO

▸ **Consulte sus herramientas de autocuidado** o la rueda de la vitalidad con sus anotaciones en momentos de estrés o cuando necesite potenciar la energía, la calma o la seguridad. Escoja una actividad y advierta cómo le ayuda a enfrentarse mejor a este momento.

▸ **Planifique su tiempo de descanso.** Busque huecos en su agenda semanal y concierte una cita consigo mismo; después utilice la rueda de la vitalidad para preparar un plan aproximado de lo que le gustaría hacer con ese tiempo. El «tiempo para uno mismo» es valiosísimo, así que no lo malgaste. El beneficio añadido de planear su tiempo de descanso es que la anticipación de esa actividad multiplica por dos la alegría y amplía el impacto positivo sobre su bienestar.

▸ **Utilice la rueda de la vitalidad** para aprovechar al máximo los «momentos libres». ¿Cuántas veces se encuentra con media hora libre y le resulta tan raro que no sabe qué hacer con ella? Utilice la rueda de la vitalidad para inspirarse.

EMPIECE SU «DIARIO DE VITALIDAD»

▶ Incluso cuando sabe que es importante el autocuidado, puede resultar difícil practicarlo. ¿Por qué? Porque crear cualquier hábito nuevo supone todo un reto. Además, la opción saludable y vivificadora no siempre es la más fácil o la más seductora, y la voluntad sencillamente no es lo bastante fuerte. Como profesora de yoga, conozco bien sus beneficios; disfruto practicándolo y me sé al dedillo un número infinito de secuencias agradables; no obstante, a veces el sofá puede resultar tremendamente atrayente... yo también soy humana. La herramienta que me ayuda a cumplir el compromiso del autocuidado es escribir un diario. Utilizo mi diario de la vitalidad para no olvidar el autocuidado.

El diario de la vitalidad es un registro de todos sus objetivos, actividades y reflexiones para el bienestar. El hecho de llevar un diario puede crear una sensación de propiedad sobre su bienestar, dar una dirección y sintonizar mejor su concentración y su compromiso con el autocuidado. Dejar constancia de sus acciones aumenta la sensación de que ha conseguido algo y le ayuda a progresar con sus objetivos.

El diario de la vitalidad le ayudará a conocerse mejor, y es en sí mismo una actividad de autocuidado. Escoja un diario que verdaderamente le atraiga, uno donde le apetezca escribir. Anote su nombre y ponga por escrito que realiza este compromiso por su bienestar. Plasme sus objetivos, una lluvia de ideas sobre sus herramientas de autocuidado y anote los momentos de inspiración.

Incluya cualquier acción que haya realizado para fomentar su felicidad y su bienestar, toda la información que considere relevante. Dependiendo de sus objetivos, podría ser lo que ha comido, si ha tomado alcohol, si ha hecho ejercicio, si ha dormido y si ha descansado, los niveles de energía y el estado de ánimo. Explique cómo se siente después de haber realizado actividades de autocuidado y así podrá ver si están funcionando. Emplee su diario para establecer la relación entre las elecciones y los resultados.

Anote en su diario de la vitalidad cualquier cosa que le inspire, pegue recortes, citas o imágenes; escriba sobre acontecimientos felices que desee recordar. Como regla general, intente no utilizar el diario para desfogarse; es mucho mejor escribir las cuestiones tóxicas en una hoja de papel para después saborear el momento de tirarla. Leer cosas negativas muchas veces hace que vuelva a sentir esas mismas emociones. Deje que su diario sea una fuente de positividad, para que si tiene un momento libre para usted pueda «llenar la taza» simplemente ojeándolo.

Si en este momento la idea de escribir un diario le parece mucho esfuerzo o si no le atrae, no pasa nada, existen otras opciones. Puede tomar notas en su móvil o en un calendario en la red, o considerar abrir una cuenta de Instagram privada donde pueda dejar constancia de los momentos felices. Solo debe escoger la estrategia que le parezca que va a poder realizar ahora.

FUERZA DE VOLUNTAD, HÁBITOS Y CAMBIOS EN EL ESTILO DE VIDA QUE SE MANTIENEN

▸ En general, todos sabemos lo que tenemos que hacer para sentirnos sanos, pero hacerlo y mantenerlo es otra historia. Por mi experiencia, la forma más eficaz de lograr cambios es con pasos pequeños que vayan en aumento. Los cambios drásticos y elaborados puede que den resultados espléndidos, pero es muy difícil mantenerlos, y cuando se dejan pueden desmotivar mucho. Cuando quiera integrar algún cambio inspirado en la rueda de la vitalidad, escoja una actividad o un comportamiento que pueda desarrollar y trabajar. Una vez que haya creado este nuevo hábito, entonces es el momento de considerar otro cambio. Con la práctica, será más fácil hacer cambios que se mantengan.

1. RECONOZCA QUE LA FUERZA DE VOLUNTAD SOLA NO ES SUFICIENTE

La voluntad no solo se utiliza para resistirse a caprichos que no son sanos. Usamos la fuerza de voluntad para ser educados, para disimular si estamos enfadados, para decir lo adecuado, para cualquier cosa, desde ser cortés en la carretera a cuando te dejan esperando en el teléfono en un centro de llamadas. La vida moderna está llena de ruido, de estímulos, de tentaciones y de elecciones —la parte del cerebro responsable de la fuerza de voluntad no es lo bastante fuerte para ayudarnos a tomar siempre la decisión adecuada—. Seguro que habrá oído el refrán que dice que la voluntad es un músculo que se ejercita cada vez que se utiliza. Pues no estoy de acuerdo. Al final del día, cuando estoy hecha polvo, no me sirven las veces que he empleado la fuerza de voluntad, no tengo fuerzas para tener voluntad. Los hábitos se refuerzan con la repetición, mientras que la fuerza de voluntad se agota por el uso constante.

¿Cómo podemos superar esta disminución de la voluntad? Yo diría que de tres formas. La primera, reducir el número de decisiones que hay que tomar al día mediante la organización. En el capítulo «Ejercicio y alimentación» (*véanse* págs. 80-97), explicamos en detalle cómo conseguirlo a través de un manual de afirmaciones. En segundo lugar, disminuir el volumen de tentaciones conectando con sus valores, que exploramos en profundidad en el capítulo «Valores y propósitos» (*véanse* págs. 192-207). Y, por último, reponer la fuerza de voluntad con actividades tranquilas, como descanso, relajación, trabajar en la respiración, estar en la naturaleza, evitar el alcohol y minimizar los estímulos excesivos de las pantallas y los aparatos. Dormir bien también es esencial para pensar con claridad y tomar las decisiones adecuadas.

2. CONOZCA SU «PORQUÉ»

No es suficiente saber lo que quiere, tiene que saber por qué lo quiere. Expresar el propósito que hay detrás de un cambio en el estilo de vida es lo que realmente le motivará y le ayudará a realizar las elecciones necesarias para conseguir ese cambio. Muchas personas me dicen que quieren ponerse en forma; por sí mismo ese objetivo es insuficiente para impulsarle cuando la vida le tienta. Debe tener claro su «porqué». Su propósito es profundamente personal e individual —algunas personas se proponen mejorar su forma física porque quieren ser un modelo de comportamiento saludable para sus hijos—. El «porqué» de otra persona puede ser, por ejemplo, reducir el riesgo genético de una enfermedad, y otra puede estar motivada porque va a tomarse unas vacaciones de aventura. Relacionar el propósito más profundo es lo que ayuda a disminuir la tentación y a mantenerle en el camino por el que ha optado.

rueda de la vitalidad del autocuidado

3. CONÓZCASE A SÍ MISMO

No puede cambiar nada hasta que no sea del todo consciente de su comportamiento actual y de sus consecuencias. Piense con atención en el comportamiento que quiere cambiar y sea consciente de las elecciones que realiza. Durante una semana haga un inventario en su diario de la vitalidad: ¿qué ha pasado, cómo ha respondido y cuál ha sido el resultado? ¿Sus estrategias actuales funcionan? ¿Cómo puede hacer las cosas de manera diferente? La disposición para cambiar y la aceptación de que el cambio es necesario son ingredientes esenciales. Si no está listo todavía, le sugeriría que revisara sus «porqué» y que se asegurara de que esto es algo que en realidad le importa.

4. LLUVIA DE IDEAS PARA SU ACCIÓN REQUERIDA

Una vez que se haya decidido por un comportamiento en particular, tiene que planear cómo lo va a llevar a cabo. Ayuda crear un objetivo en torno a él; por ejemplo, si quiere mejorar su forma física, es probable que decida incrementar la cantidad de ejercicio que hace al día. Empiece por establecerse un objetivo realista que pueda realizar todos los días. Diez minutos es un tiempo diario razonable y es suficiente para provocar cambios tangibles en su salud. El truco es el siguiente: cada día que haga sus diez minutos, ponga una marca en su diario o en su calendario; cuando tenga varias marcas, no querrá interrumpirlas; además, es una herramienta visual muy poderosa. Si le motiva realizar una lista de «las cosas que tiene que hacer», asegúrese de que anota sus diez minutos de autocuidado al principio, y no se olvide de que no son negociables.

5. ¿Y A CONTINUACIÓN?

Enseguida, este nuevo comportamiento se convertirá en un hábito, y transformamos nuestras vidas creando un hábito saludable tras otro. Celebre sus logros y considere qué puede mejorar ahora. Siga dando pasos pequeños pero seguros hacia su mejor yo.

CÓMO PUEDE AYUDAR EL YOGA

▸ El yoga ha sido una parte significativa de mi vida desde hace más de veinte años. Fue lo que me ayudó a recuperarme después de padecer el síndrome de desgaste profesional. Es la actividad que practico cuando necesito relajarme y también cuando deseo sentirme orgullosa y segura y conectar con mi poder personal. Aunque mi ritual de yoga ha sido constante, su forma ha variado mucho según las circunstancias de la vida y mis necesidades en ese momento. Esto es una gran ventaja, pero a la vez puede hacer que el yoga parezca una especie de campo de minas. Hay tantos «estilos» de yoga que puede resultar bastante difícil saber por dónde empezar. Lo que puedo decir con gran seguridad es que hay un tipo de yoga para cada uno, y que el que aparece en este libro es perfecto para empezar incluso aunque no lo haya practicado nunca. Asimismo, las secuencias que aparecen en este libro pueden ser una manera de profundizar en su práctica de yoga si ya tiene experiencia, porque por su simplicidad le puede permitir una comprensión distinta.

▶ A casi todos los clientes que me han consultado como entrenadora personal, como profesora de yoga o como psicóloga les he «recetado» algún tipo de yoga. Lo he utilizado para ayudar a que las personas tengan mejor forma física, más energía, más seguridad y una relación más positiva con su cuerpo. Se han realizado muchos ensayos clínicos que secundan lo que yo he visto de primera mano en mi consulta, con pruebas que sugieren que el yoga constituye un método eficaz para ayudar a las personas en una serie de afecciones, incluidas la ansiedad[3], la depresión[4], la esquizofrenia[5], el estrés[6], el estrés postraumático[7], la hipertensión[8], las enfermedades cardiovasculares[9], la esclerosis múltiple[10], el cáncer[11], la artritis[12], la diabetes[13], los trastornos del sueño[14], la obesidad[15] y la osteoporosis[16]. Yo he practicado yoga con recién nacidos, con niños pequeños, con adolescentes, con adultos y con unas cuantas almas preciosas de más de noventa años. No hay duda de que hay un yoga para cada uno.

Las secuencias de yoga de este libro son una manera perfecta de empezar, aunque no lo haya practicado nunca.

EL YOGA Y LA RUEDA DE LA VITALIDAD

▶ Yo enseño viniyoga. En él, las secuencias de posturas
se crean alrededor de un objetivo específico. Los ejercicios
de yoga que aparecen en cada capítulo están diseñados
para apoyar a cada uno de los radios de la rueda de
la vitalidad. Los ejercicios de yoga en el capítulo «Sueño,
descanso, relajación y respiración» (*véanse* págs. 78-79)
son para calmar, relajar y tranquilizar, a diferencia de los de
«Establecer objetivos y logarlos» (*véanse* págs. 190-191), que
pretenden crear una sensación de resolución y de fuerza.
También he incluido algunas afirmaciones que, junto con
el movimiento y la respiración, pueden hacerle sentir fuerte.
Empiece con los ejercicios de «Sueño, descanso, relajación
y respiración» (*véanse* págs. 78-79) o de «Mecanismos
de resolución de problemas» (*véanse* págs. 124-125).

rueda de la vitalidad del autocuidado

PAUTAS PARA LA PRÁCTICA DEL YOGA

Practique al menos una postura cada día, incluso
aunque lo haga mientras calienta el agua del té.

No hace falta ser flexible para practicar este tipo de yoga.
Se practica para ser más flexible a nivel físico y más
maleable mentalmente por la vida en toda su gloria.

El yoga no es un deporte de rendimiento, es un tónico,
una forma profunda de crecimiento. Pruebe las secuencias
que aparecen en este libro con una mente abierta y con
la intención de cuidar con mimo de su mente y de su cuerpo.

Muévase con lentitud y pensando en los movimientos.
No debe sentir dolor —puede que a veces resulten difíciles,
pero nunca deben doler—. Siempre utilice la respiración
como guía, inspire y espire por la nariz de la forma más natural
posible. Si respira con comodidad en una postura de yoga,
no se hará daño. Si le falta la respiración, descanse.

Si tiene alguna duda, consulte con su médico
y busque un monitor para que le guíe en persona.

pequeñas perlas ›

› La rueda de la vitalidad está diseñada para recordarle los ocho caminos diferentes para crecer. Los radios de la rueda son: sueño, descanso, relajación y respiración; ejercicio y alimentación; mecanismos de resolución de problemas; entorno físico; nexos sociales; mecanismos para mejorar el estado de ánimo; establecer objetivos y lograrlos, y valores y propósitos.

› Trabaje con todos los radios que desee y pase directo al capítulo que le interese. No es necesario leer el libro en orden ni tampoco trabajar con toda la rueda de la vitalidad.

› Haga un mapa mental escribiendo anotaciones en una copia de la rueda de la vitalidad y apunte las herramientas y los consejos que le interesen en cada segmento. Cuélguelo en algún sitio donde lo vea a menudo y consúltelo cuando necesite ayuda.

rueda de la vitalidad del autocuidado

▸ Diseñe su propio conjunto de herramientas de autocuidado anotando los recursos y las actividades que puede utilizar cuando más lo necesita. Use estas herramientas cuando se sienta estresado, para planificar su tiempo con mesura y para aprovechar al máximo el valioso tiempo libre.

▸ Para ayudarle a crear hábitos saludables, empiece un diario de la vitalidad. Escoja uno que le resulte bonito para escribir en él y anote toda la información relevante de sus objetivos de bienestar y cualquier cosa que le llene de alegría.

▸ El cambio sostenible se consigue mejor con pasos pequeños. Céntrese en un comportamiento o en un hábito a la vez. Reconozca que la fuerza de voluntad por sí sola no es suficiente. Supere la disminución de la fuerza de voluntad organizándose. Tenga claro por qué quiere ese cambio y recuerde el propósito para no desviarse. Ponga una marca cada día que realice esa acción hasta que se convierta en un hábito y esté preparado para integrar un nuevo cambio.

notas para mí ›

No olvide añadir actividades o echarle un vistazo a un camino distinto de la rueda de la vitalidad si empieza a estar aburrido o cansado o si su compromiso con el autocuidado empieza a flaquear.

uno

SUEÑO, DESCANSO, RELAJACIÓN Y RESPIRACIÓN

▸ Cuando mis hijos eran muy pequeños, siempre me daba la sensación de que no dormía profundamente, porque me resultaba muy difícil separarme de ellos y desconectar. Nunca vi tan clara la relación entre la calidad del sueño y la calidad del estado mental, y mi mantra enseguida se convirtió en «dormir para conservar la cordura». Después de una mala noche, me sentía durante días baja de moral y enseguida me enfadaba. Incluso ahora, después de meses de dormir bastante bien, una mala noche todavía tiene un marcado impacto en mi estado de ánimo y en mi concentración. Si usted también se siente así, es algo natural; volverá a sentirse mejor cuando vuelva a tener la posibilidad de dormir bien. Hasta entonces puede aprender unas técnicas de autocuidado que le ayudarán a sentirse mejor.

LA IMPORTANCIA DEL SUEÑO

▸ Yo creo que actualmente dormir no tiene muy buena fama. Actitudes como «me voy a dormir cuando ya no puedo más» o el miedo a perderse algo reflejan una norma cultural que considera que la privación del sueño es esencial para alcanzar el éxito. Seamos claros, el sueño es una necesidad humana fundamental. No tiene nada de perezoso, egoísta o indulgente darse la oportunidad de dormir bien. Cuando la vida está llena hasta el borde, suele ser lo primero que sacrificamos y es justo entonces cuando más lo necesitamos. Precisamos dormir para la renovación celular, para la salud de los sistemas nervioso e inmune, para regular el peso corporal, para el estado de ánimo, para consolidar la memoria y para nuestro desempeño cognitivo. La falta de sueño está relacionada con un aumento del riesgo de padecer infarto de miocardio, derrame cerebral, diabetes, obesidad, estrés e inflamación del tejido corporal; también causa la pérdida de neuronas y acelera la aparición de los signos de envejecimiento.

Si se encuentra en medio de una crisis o si se
está recuperando de un período de estrés agudo,
lo mejor para empezar su viaje hacia la sanación
es el sueño, el descanso y la relajación. Es obvio, ¿no?
Pero pregúntele a cualquier padre o madre, cuidador,
estudiante, ejecutivo de alto nivel o empresario, y seguro
que se reirán. La realidad es que, aunque esto sea lo que
necesita y desea desesperadamente, no siempre se
puede conseguir. Con un 27 % de británicos, por ejemplo,
que duermen mal de forma regular y más de un tercio que
solo duerme cinco o seis horas por noche[17], si usted también
tiene una falta de sueño crónica no está solo. Quizás
no pueda dormir bien, tenga poco tiempo para descansar,
pero hay una manera de relajarse y de recuperar la energía
del cuerpo que se acerca a dormir: la respiración.

Durante las épocas difíciles y tras ellas, nuestro
cuerpo está lleno de hormonas de estrés que pueden
dejarnos con la sensación de estar agotados, ansiosos
y deprimidos. El sistema nervioso simpático comienza
a trabajar a toda marcha, y esa experiencia crónica
de «lucha o huida» puede hacerte sentir como si te
hubiese atropellado un camión. Necesitamos estimular
el sistema nervioso parasimpático (SNP) —responsable
de las funciones de descanso y digestión del cuerpo—
para mediar los efectos de estas hormonas de estrés.
La mejor forma de potenciar el SNP es dormir las horas
necesarias, hacer tiempo para descansar y relajarse
y respirar de forma expansiva.

Si necesita más motivación para volver a considerar importante dormir bien, los datos y las cifras sobre la calidad del sueño y el rendimiento son bastante sorprendentes. En tan solo dos semanas durmiendo seis horas cada noche, la disminución del rendimiento es similar a la de pasar veinticuatro horas sin dormir. Para las personas que solo duermen cuatro horas cada noche, el descenso es similar a pasar cuarenta y ocho horas sin dormir[18]. Estar despierto diecisiete horas seguidas puede suponer el mismo nivel de problemas cognitivos que tener un nivel de alcohol en sangre del 0,05 %. Si le añade otras pocas horas despierto, llegará al equivalente de 0,1 %, que legalmente se considera ebrio[19]. «Si te duermes, pierdes» es una actitud peligrosa. Comprometerse a concederse la mejor oportunidad posible de dormir las horas adecuadas no tiene nada de indulgente, es esencial.

PROMOVER DORMIR MEJOR

▸ No existe una fórmula mágica para garantizar dormir bien. No hay una solución para todos, y aunque hay unos principios generales, se necesita probar lo que le funciona a cada uno.

¿Qué es dormir bien?

▸ Para dormir bien no es necesario que el sueño sea ininterrumpido. A lo largo de casi toda la historia del ser humano (hasta que se inventó la luz artificial), el sueño se dividía en dos períodos separados; no era el venerado sueño ininterrumpido al que ahora aspiramos, de modo que el sueño dividido es muy normal. El período de vigilia, que puede durar unas pocas horas, históricamente se utilizaba para la reflexión, la oración, la meditación, la lectura, la escritura y el sexo. El desvelo que algunas personas experimentan ahora puede ser una expresión natural de los patrones de sueño preindustriales.

¿Qué nos hace dormir?

▸ Hay dos formas principales en las que el cuerpo hace que durmamos, y conocer estos mecanismos nos ayuda a realizar mejores elecciones para dormir bien. El ciclo sueño-vigilia está regulado por el ritmo circadiano —el reloj interno— que todos tenemos. Los viajes de largo recorrido lo interrumpen, igual que la luz azul que emiten las pantallas, que inhibe la producción de melatonina. Recibir mucha luz natural por las mañanas puede contrarrestar los efectos de pasar horas delante de una pantalla durante la jornada laboral.

El otro mecanismo es la presión por dormir, que va aumentando cuando estás despierto y se libera cuando te acuestas. Esto explica por qué quedarse dormido a las nueve de la noche en el sofá puede afectar al sueño cuando te vas a la cama. Por otro lado, las siestas bien calculadas pueden hacer que duermas mejor por la noche.

¿Duerme lo suficiente?

▶ Apañarse durmiendo poco no es motivo de orgullo: la mayoría de adultos necesita entre siete y nueve horas de sueño. Puede que le resulte suficiente con menos, pero ¿durante cuánto tiempo y a qué coste? Las horas que cada uno necesita dormir es una cuestión individual, de modo que averigüe las que usted precisa para funcionar bien y considere una prioridad el hecho de dormir. Si se encuentra yendo de un lado para otro intentando dejar las cosas hechas por la noche a expensas de las horas de sueño, pregúntese si realmente tiene que hacerlo en ese momento. Dormirse delante de la televisión no es tan relajante como dormir las horas que necesita.

Tenga cuidado con los estímulos

▶ Una de las causas principales del insomnio es la incapacidad de relajarse, de modo que hay que prestar atención a los niveles de tensión y excitación a lo largo del día, no solo por la noche. Reduzca la ingesta de cafeína y de azúcar, y evite el café después de las dos de la tarde. Aunque piense que la cafeína no le afecta el sueño, puede que afecte a las glándulas suprarrenales. Esto también se debe aplicar a lo visual. Lo que escogemos leer, mirar y escuchar a lo largo del día también puede ser muy estimulante. Si le cuesta dormir, deje las cosas emocionantes para otro momento y opte por libros, películas y música que le relajen y le calmen.

EL ENTORNO IDEAL PARA DORMIR

Elimine toda la luz que pueda. Disminuya el voltaje de las bombillas de su dormitorio. Apague los aparatos electrónicos. Las cortinas que no dejan pasar la luz pueden cambiarle la vida, aunque también puede usar un antifaz.

Mantenga el dormitorio fresco. La temperatura ideal es de unos 18 °C.

Convierta su dormitorio en un refugio. Utilice ropa de cama en la que le apetezca meterse, una decoración que encuentre relajante y un entorno limpio y ordenado.

CREE SU RITUAL PARA ANTES DE ACOSTARSE

Sea metódico. Acuéstese y levántese todos los días a la misma hora. Aunque muchos expertos en el sueño abogan por acostarse sobre las diez de la noche, debemos tener en cuenta nuestro reloj corporal y nuestras obligaciones diarias. Observe lo que le va mejor con las exigencias de sus circunstancias actuales y experimente con la franja horaria que le resulte más adecuada para quedarse dormido y despertarse sintiéndose como nuevo.

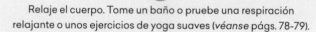

Detox digital. Intente estar al menos treinta minutos sin pantallas antes de irse a la cama. Los efectos negativos de los aparatos electrónicos en la calidad del sueño son bien conocidos. Si cree que su libro electrónico le ayuda a relajarse, piénselo otra vez. La luz que emite provoca el mismo tipo de reducción de la somnolencia y trastorno del ritmo circadiano que los otros aparatos electrónicos[20]. Lea un libro impreso o escuche música.

Relaje el cuerpo. Tome un baño o pruebe una respiración relajante o unos ejercicios de yoga suaves (*véanse* págs. 78-79).

Relaje la mente. Si tiene un torbellino de pensamientos, intente hacer una «descarga» y anote en un papel cualquier pensamiento preocupante que tenga. Pregúntese si estas cosas son tan urgentes como pensaba. Escriba todo lo que tenga que hacer al día siguiente para que así no le dé vueltas en la mente. Si hay algún asunto apremiante que interfiera de manera regular en su capacidad para relajarse, intente hablar con alguien.

Termine el día con una nota positiva. Saque su diario de la vitalidad y realice el ejercicio que Martin Seligman denomina «Las tres bendiciones»[21]. Escriba tres cosas positivas que le hayan pasado durante el día y, lo más importante, por qué. Aquí no hay bueno o malo, simplemente lo que le venga a la mente. Advierta cómo esto cambia la calidad de su humor y le ayuda a centrar su mente en pensamientos más constructivos.

Prepárese para dormir. Póngase un pijama que le guste y utilice fragancias relajantes, que le ayudarán a que su mente se prepare para el sueño.

CONSEJOS PARA AYUDARLE A DORMIR

▸ Muchas veces son nuestros pensamientos los que impiden que durmamos bien; en lugar de intentar dejar la mente en blanco, intente pensar en cosas que le ayuden a relajarse. Yo tengo una serie de mantras que utilizo para que me ayuden a dormir y recuperar el sueño cuando me desvelo.

▸ Cuando se acueste, concédase permiso para descansar. Utilice el mantra «es hora de descansar». Si de repente cree que tiene que hacer algo, dígase que ahora no es el momento, o anótelo y olvídelo. O use el mantra: «Nada me requiere en este momento». Le ayudará a saborear la ausencia de esfuerzo y a descansar aunque el sueño le eluda.

▸ Si le sigue resultando difícil relajarse o se ha desvelado, intente el siguiente mantra: «Si no puedo dormir, descansaré. Si no puedo ralentizar mi mente, relajaré mi cuerpo. Recibo la inspiración, me rindo a la espiración. Me convierto en mi respiración». Mientras lo repite, concéntrese en atenuar físicamente cualquier tensión que tenga en el cuerpo y en sentir las sensaciones de su respiración.

▸ No cuente las horas de sueño que no ha tenido. Dígase a sí mismo que ha dormido lo que ha dormido y que empleará el autocuidado para compensar la falta de sueño.

DESCANSO Y RELAJACIÓN

▸ Incluso cuando se duermen las horas necesarias,
la oportunidad de detenerse, descansar y relajarse
es una parte fundamental de la salud y del bienestar.
Vivimos en un mundo competitivo cargado de cafeína
y adrenalina. Muchas personas tienen pocas oportunidades
de recargar su saldo de energía. En general, se subestima
mucho la importancia de un descanso y una relajación
adecuados, y muchas veces los tildan de pereza, cosa
que no es en absoluto cierta. Todos los seres humanos
necesitamos un tiempo en el que podamos simplemente
«ser»; con esto quiero decir un tiempo en el que no haya
que esforzarse y resolver problemas, una ausencia total
de ambición.

La gente me suele decir que no tiene tiempo de descansar... pero sin descansar, tarde o temprano su sistema fallará como lo hizo el mío, y es mucho peor que no permitirse un tiempo de descanso. Si deja que le embargue el cansancio, será más susceptible de padecer síndrome de desgaste profesional, ansiedad, depresión, enfermedades y lesiones. Lo más probable es que, cuando al final le obliguen a descansar, el momento sea todavía menos conveniente.

- **Tomarse una pausa** ayuda a la sanación, la limpieza y la purificación, desde la regeneración fisiológica a escala celular hasta el abastecimiento de las reservas de energía a escala emocional y psicológica. A menudo asociamos los beneficios de actividades como el yoga con la gestión del estrés; sin embargo, se ha demostrado que tiene efectos positivos tangibles también en el sistema inmune[22]. La práctica del yoga suave de las páginas 78-79 es un ritual breve perfecto para empezar el día.

- **Buscar la quietud** estimula el crecimiento y cultiva la sensibilidad. Todos necesitamos tiempo para retraernos y pensar. Esta calmada reflexión nos ayuda a pensar con claridad y a tomar decisiones sensatas que estén más en sintonía con nuestros objetivos.

- **Pasar tiempo solo** en contemplación le abre los ojos a las oportunidades. Cambia su enfoque, de modo que puede regresar a sus rutinas diarias con una nueva perspectiva. Sabemos, gracias a las resonancias magnéticas, que la meditación basada en la atención plena cambia de forma significativa la estructura del cerebro implicada en la modulación de la excitación sexual y el humor en tan solo ocho semanas[23]. Por primera vez en la historia de la medicina, se ha mostrado el efecto de la meditación en el bienestar como un cambio en la materia gris del cerebro.

- **El descanso** le ayuda a conectar con su cuerpo, de modo que sabe cuándo presionar y cuándo ceder, algo vital para establecer un equilibrio saludable.

- **Estamos tan acostumbrados a estar ocupados** que nos olvidamos de aflojar. Creo que hasta podemos llegar a ser adictos a estar ocupados, porque cuando nos detenemos, nos tenemos que enfrentar a un borboteo de pensamientos, sensaciones, sentimientos y recuerdos. A veces esto puede resultar perturbador, de modo que si la quietud no le atrae en este momento, no pasa nada, hay muchas maneras distintas de relajarse.

YOGA RECONSTITUYENTE

▸ Este tipo de yoga también se conoce como estirarse en la esterilla y no moverse, incluso dormirse... De hecho, estirarme en mi esterilla y quedarme dormida fue para mí el mejor tónico. Fue la mejor alternativa a acostarme, porque evitaba la gran presión por dormir. Si escojo una postura de yoga reconstituyente con la intención de relajarme más que de dormirme, puedo mantener la postura unos cinco minutos y sentir sus beneficios. Si me relajo todavía más y me quedo dormida, pues mejor.

Técnicamente hablando, el yoga reconstituyente es una serie de posturas concretas que se mantienen con la ayuda de cojines y mantas, y en muchos casos estirado. Más que dormirse, la intención es que la mente se quede anclada, o bien en las sensaciones físicas del cuerpo al relajarse o bien en la respiración. Si se siente agotado o si tiene falta de sueño, no se resista a las ganas de dormir durante estas posturas, es lo que su cuerpo necesita, y si se encuentra seguro y cómodo, ¿por qué no? Las posturas del yoga reconstituyente no solo son para las personas que se sienten muy cansadas, se trata de una manera fantástica de renovar energías, incluso aunque esté en plena forma. Estas posturas pueden estimular el flujo sanguíneo a zonas del cuerpo que están «atascadas» y abrir los canales respiratorios para permitir una revitalización profunda.

MEDITACIONES SENCILLAS

▶ Si la idea de la meditación no le gusta, no desista.
Algunas técnicas de meditación pueden hacerle sentir
inquieto. Es cuestión de trabajar con un tipo de meditación
adecuado para usted. Si se siente excesivamente
estimulado, intentar aclarar la mente en una práctica de
meditación sentada puede resultarle difícil. Lo que quizás
le vaya mejor sea conectar su mente con un mantra
o una sensación.

- **Tome una ducha meditativa.** Esté presente y relájese
con el agua. Sumérjase en la sensación del agua contra
su piel, conecte con sus propiedades limpiadoras y sienta
cómo el agua se lleva sus problemas.

- **Sienta la respiración con *mudras* de yoga (gestos con las
manos).** Siéntese recto en una posición cómoda sobre un cojín
en el suelo o en una silla. Relaje los hombros y la mandíbula
y descanse las palmas de las manos sobre los muslos.
Respire varias veces, notando cómo se siente al respirar. Una
con suavidad el pulgar y el índice, note cómo este gesto dirige
su respiración al abdomen y sienta lo calmante que resulta.
Respire diez veces o unos cuantos minutos. El segundo *mudra*
consiste en flexionar los otros tres dedos hacia la palma
de la mano. Sienta cómo esta posición dirige la respiración
hacia el pecho, e imagine que su corazón se abre. Ponga los
pulgares en el centro de la palma y envuélvalos con suavidad
con el resto de los dedos. Sienta cómo este gesto dirige
la respiración hacia la clavícula y la espalda superior,
disipa la tensión y proporciona una sensación de ánimo.
Con las manos en la misma posición, pase al cuarto *mudra*:
una la parte posterior de los dedos y los nudillos de las dos
manos, con las muñecas hacia arriba delante de su cuerpo
a la altura del ombligo. Esto integra la respiración en las tres
zonas: note lo expansiva y relajada que es ahora su respiración.
Suelte las manos y póngalas sobre los muslos y disfrute
de unas cuantas respiraciones antes de volver a su rutina.

- **Meditaciones «yo soy/yo estoy».** Puede ser una práctica formal sentado, o repetir estas palabras mientras va al trabajo, en su escritorio o en el fregadero de la cocina. Cuando inspire, repita las palabras «yo soy/yo estoy», y cuando espire, escoja un término que plasme cómo quiere sentirse. Yo suelo utilizar palabras como «bien», «tranquilo», «lleno de energía», «lleno de recursos», «fuerte», «paciente», «cariñoso», «amado», «resolutivo», «sano» y «dichoso». Puede repetir una frase o cambiarla con cada espiración. Si lo prefiere, diga «yo» cuando inspire y, al espirar, «soy» o «estoy» —ese hecho es irrefutable.

- **Busque la belleza.** Allá donde esté, busque algo que le resulte inspirador y que lo anime. La belleza levanta el ánimo y le hace más receptivo a una experiencia de asombro. Desde el escritorio de su oficina, quizás sean las formas de las nubes, o cuando lleva a los niños al colegio o va al trabajo, los árboles que se ven en el camino. En casa, ponga un jarrón con flores para mirarlo de vez en cuando. Sea consciente de las obras de arte a su alrededor y percátese también de la belleza arquitectónica.

- **Cree una biblioteca de relajación.** En ella puede incluir revistas, libros, álbumes de fotos, CD, programas de televisión, películas, y hasta su diario de la vitalidad, especialmente si lo ha utilizado para escribir sobre momentos felices. Cree una colección de recursos de atención plena o de meditación y úselos para conseguir un estado de tranquilidad.

- **Practique yoga nidra.** Se trata de un tipo de relajación guiada que no solo es una manera fantástica de relajarse, sino que además las investigaciones han demostrado que también puede ayudar a aliviar la depresión y la ansiedad[24]. Busque un lugar cómodo y acurrúquese.

La belleza levanta
el ánimo y le hace
más receptivo a una
experiencia de asombro.

Siéntese derecho e intente suavizar las tensiones físicas. Tendemos a tensar la frente, los ojos, el cuello, los hombros, las manos y el abdomen. Repita los mantras: «Libero lo que ya no necesito» o «Libero lo que ya no me sirve».

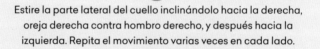

Mueva la cabeza con suavidad: mire a la derecha y después a la izquierda para ejercitar el cuello.

Estire la parte lateral del cuello inclinándolo hacia la derecha, oreja derecha contra hombro derecho, y después hacia la izquierda. Repita el movimiento varias veces en cada lado.

Incline la cabeza hacia delante, con la barbilla hacia el pecho, y advierta el estiramiento de la parte posterior del cuello. Gire la cabeza hacia el hombro derecho, vuelva al centro y después gírela hacia la izquierda. Repita varias veces en cada lado, sienta que la cabeza le pesa y que su rostro se suaviza.

Mueva los hombros haciéndolos rotar. Al inspirar, levántelos; al espirar, rótelos hacia atrás y hacia abajo.

Rote las muñecas y los tobillos en las dos direcciones.

Sentado bien derecho, haga una torsión hacia la derecha, poniendo las manos sobre los muslos y mirando por encima del hombro derecho. Repita la torsión hacia la izquierda.

Sienta la respiración. Descanse las manos en la parte posterior de los muslos con las palmas hacia arriba. Puede hacer esto debajo de su escritorio sin que nadie le vea. Al inspirar, abra mucho las manos y sienta cómo se abre todo su cuerpo para recibir una respiración más expansiva. Al espirar, cierre suavemente las manos y sienta cómo esto le ayuda a vaciar los pulmones de forma más efectiva.

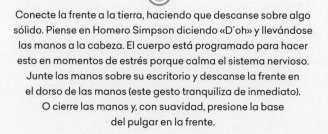

Disfrute de una deliciosa fragancia: cremas de manos, perfumes en roll-on o bruma facial con deliciosos aromas pueden calmar, tranquilizar o vigorizar.

Añada una gota de flor comestible al agua, y al beberla afirme la cualidad de la flor. De esta manera, yo, literalmente, me siento como si bebiese una taza de «coraje» o «calma».

Conecte la frente a la tierra, haciendo que descanse sobre algo sólido. Piense en Homero Simpson diciendo «D´oh» y llevándose las manos a la cabeza. El cuerpo está programado para hacer esto en momentos de estrés porque calma el sistema nervioso. Junte las manos sobre su escritorio y descanse la frente en el dorso de las manos (este gesto tranquiliza de inmediato). O cierre las manos y, con suavidad, presione la base del pulgar en la frente.

RECARGAR EL SALDO DE ENERGÍA CON LA RESPIRACIÓN

▸ Cuando el sueño, e incluso el descanso y la relajación, le resulten difíciles, recuerde que puede recurrir a la relajación. Existe una fuerte conexión entre la calidad de la respiración, la salud y la calidad de la mente. De la misma forma que el estrés afecta a la forma en que respiramos, esta afecta a nuestra psicofisiología, de modo que aprender a respirar es fundamental para la sanación[25]. Las secuencias de yoga al final de este capítulo están diseñadas para ayudar a remodelar la respiración y a establecer un ritmo más natural, equilibrado y relajado.

Unas investigaciones recientes de la psicóloga y experta en felicidad Emma Seppälä respaldan estas ideas de la tradición del yoga. Seppälä y su equipo trabajaron con veteranos que acababan de regresar de Iraq y de Afganistán con problemas psicológicos[26]. Al enseñarles una meditación basada en la respiración y pensada para calmar el sistema nervioso, se redujeron la ansiedad y los síntomas del estrés postraumático. Lo alentador es que estos efectos positivos se mantuvieron después de un año de las sesiones, lo que sugiere que las técnicas de respiración pueden tener un efecto duradero o incluso permanente. Uno de mis mantras favoritos es: «respiración espaciosa: mente espaciosa». Respirar es lo único que hacemos siempre, así que aprenda a usar la respiración con su poder sanador. A continuación muestro una manera de empezar a hacerlo:

- Colóquese en una posición cómoda para su cuerpo y conecte con su respiración, sin intentar cambiarla ni respirar de una manera determinada. No piense en la respiración, solo perciba las sensaciones que le produce. Sea consciente de la inspiración, la pausa después de inspirar, la espiración y la pausa después de espirar. Haga esas pausas naturales sin esforzarse por prolongarlas, a no ser que eso le beneficie.

- Observe dónde siente que se dirige la respiración. Quizás la sienta en el pecho, en las clavículas, en los hombros, por los lados del cuerpo, por el abdomen, etc. Limítese a observar y a percibir el flujo de su respiración.

- Advierta la cualidad expansiva de la inspiración y el suave regreso a su centro con la espiración. Sienta la nueva energía que le aporta la inspiración y la sensación de dejarse llevar de la espiración.

Haga este ejercicio en cualquier momento del día y su respiración tenderá a suavizarse sin proponérselo o sin ninguna intervención consciente. Por mi experiencia, es imposible sentirse estresado cuando respiras bien ¡y, además, se puede hacer en cualquier lugar y en cualquier momento!

pequeñas perlas ›

No es motivo de orgullo negarse la posibilidad de dormir, descansar y relajarse. No hay nada de pereza, egoísmo o indulgencia en esas tres cosas, pues son esenciales para nuestra salud física, mental y emocional.

› Asegúrese de que duerme lo suficiente, en especial si está enfermo, estresado o preocupado. La mayoría de adultos necesita entre siete y nueve horas de sueño.

› Concédase tiempo y espacio para relajarse y sentirse bien con yoga reconstituyente, meditaciones sencillas, apreciando la belleza y creando su biblioteca de relajación.

› Desarrollar su capacidad para relajarse le ayudará a dormir. Incorpore micromomentos de relajación a lo largo del día con movimientos suaves, respiración y mantras.

› Reduzca los niveles de estimulación a lo largo del día, controlando la cantidad de cafeína, de azúcar y de alcohol que ingiere, y las pantallas.

sueño, descanso, relajación y respiración

‣ Desarrolle su propio ritual para antes de acostarse. Relaje la mente con una «descarga» o con el ejercicio de las «tres bendiciones»; relaje el cuerpo con una ducha, un baño o unos estiramientos suaves. Mantenga sus patrones de sueño consistentes y comprométase a realizar un detox digital de treinta minutos.

‣ Cree el entorno ideal para dormir: reduzca la luz, mantenga el dormitorio fresco y conviértalo en un refugio para relajarse.

‣ Si no puede dormir, no se preocupe, limítese a descansar. Si no tiene tiempo para detenerse (¡búsquelo!), concéntrese en la respiración. Dormir, descansar y una respiración relajada ayudan a sanar el sistema nervioso y a reducir las hormonas del estrés.

‣ Utilice los mantras: «Dormir para conservar la cordura», «¿REALMENTE hay que hacer esto ahora?», «Es hora de descansar», «Nada me requiere en este momento», «Si no puedo dormir, descansaré. Si no puedo ralentizar mi mente, ablandaré mi cuerpo. Recibo la inspiración, me rindo a la espiración. Me convierto en mi respiración», «Libero lo que ya no necesito», «Libero lo que ya no me sirve», «Respiración espaciosa: mente espaciosa».

‣ Trabaje con su respiración simplemente percibiendo las sensaciones que le produce. No se necesita hacer nada especial, solo sea consciente de la inspiración, una pausa brevísima, la espiración y otra pausa.

sueño, descanso, relajación y respiración

YOGA PARA AYUDARLE A DESCANSAR, RELAJARSE Y DORMIR

Estas posturas de yoga reconstituyentes se practican sin moverse y respirando con calma.

La postura del niño

Arrodíllese, con las rodillas separadas como mínimo la anchura de la cadera y las manos en el suelo. Espire, siéntese sobre los tobillos y coloque la frente en el suelo o sobre los brazos cruzados y relaje los hombros. O ponga los brazos, primero uno y después el otro, detrás, con las palmas hacia arriba al lado de los pies. Déjese guiar por la sensación de comodidad en el cuello, los hombros y la parte superior de la espalda. Mantenga la postura de 5 a 10 respiraciones relajadas, más si se siente a gusto. Sienta cómo respirar en esta postura ayuda a aliviar la tensión en la parte posterior del cuerpo.

La paloma

Arrodíllese con las manos en el suelo, lleve la rodilla derecha a la mano derecha y ponga el pie derecho delante de la cadera izquierda, estire la pierna izquierda hacia atrás lo más lejos que pueda y baje el cuerpo hacia el suelo. Coloque la frente en el suelo o sobre el dorso de las manos. Mantenga los codos bien separados y relaje los hombros. Conscientemente, relaje los músculos de la espalda, las nalgas y los muslos. Mantenga la postura de 5 a 10 respiraciones, concentrándose en el alargamiento de la respiración; después repita con el otro lado.

Piernas sobre el sofá o en la pared

Tenga un cojín o una manta a mano. Siéntese
en el suelo de lado junto a la pared o la base
del sofá. Con cuidado, recuéstese sobre la espalda,
levante las piernas y póngalas en la pared o en el
sofá. La pared tiene un efecto más reconstituyente,
pero el estiramiento de los tendones puede
ser bastante fuerte —guíese por la comodidad—.
Colóquese un cojín debajo de la cabeza y póngase
una manta por encima. Mantenga la postura
5 minutos o más. No tiene que hacer nada
excepto relajarse.

Savasana

Colóquese una manta doblada debajo de la
cabeza, un cojín o una manta enrollada debajo
de las rodillas, una almohadilla para los ojos,
si dispone de ella, y si la temperatura lo requiere,
una manta por encima. Túmbese boca arriba con
la cabeza y las rodillas sobre los apoyos. Separe los
pies como mínimo la anchura de las caderas y deje
que los dedos de los pies caigan hacia los lados.
Ponga los brazos en un ángulo de 45° con respecto
a los lados del cuerpo con las palmas de las manos
hacia arriba y deje que los dedos se curven sobre
las palmas. Sienta cómo su cuerpo se funde con
el suelo y los puntos de apoyo. Diga: «Nada me
requiere en este momento», y centre su atención
en las sensaciones de su respiración y de su
cuerpo al relajarse. Permanezca así como
mínimo 5 minutos.

dos

EJERCICIO Y ALIMENTACIÓN

▶ Recuerdo muy bien a mi madre engatusándome para que comiese después de que naciera Charlotte, pero yo no podía. Lo único que quería era tumbarme mientras ella dormía, pero mi madre me recordó las palabras de mi padre: «Si comes como un gorrión, tendrás un cerebro de gorrión». Como psiquiatra, estaba muy versado en cómo conseguir claridad mental. Si quieres pensar bien tienes que comer. Cuando tuve a Ted, mi segundo hijo, me aseguré de que la casa estuviese bien abastecida de panecillos, alubias en salsa de tomate y alimentos sencillos (no voy a mencionar el pastel arco iris que devoré entero la primera semana de su vida) que podía comer para estar bien alimentada y evitar repetir la experiencia de bancarrota energética.

Si se encuentra en medio de una crisis o si se está recuperando de un síndrome de desgaste profesional, no es el momento de embarcarse en un régimen alimenticio espartano o de hacer mucho ejercicio. No obstante, este capítulo también es importante para usted. Necesitamos alimentar el cerebro y nuestro humor con ejercicios y nutrición para poder resolver mejor los retos a los que nos enfrentamos. Cuando se trata de hacer ejercicio, antes de realizar un gran esfuerzo, hay que sanar el sistema de los estragos del estrés. Si se siente agotado, entonces lea el capítulo sobre sueño y relajación (*véase* pág. 56), porque los ejercicios de yoga que explicamos le ayudarán a tranquilizarse y a mejorar el ánimo sin que se resientan sus reservas de energía (*véanse* págs. 78-79). Si quiere que haya cambios físicos en su cuerpo o tener más brío y más capacidad de recuperación, entonces este capítulo le proporcionará las herramientas necesarias para hacer que se materialicen las elecciones en el estilo de vida saludable y sostenible, y, además, el yoga le ayudará a ello.

Cuando pienso en mi viaje de regreso al bienestar, no es de extrañar que el hecho de centrarme en el trabajo y en el ejercicio coincidiesen con el comienzo de Charlotte en la guardería... ¡Había tiempo, espacio y energía para algo más! Parecía que habíamos conseguido capear el temporal y que yo «regresaba». A medida que mis reservas de energía aumentaban, notaba que había llegado el momento de cuidar mi forma física... Me embarqué en lo que llamé mis «ocho semanas para un mejor reto cuerpomente». Se trataba de volver a comer de forma saludable y de hacer más ejercicio de una forma sostenible. El objetivo que marcó este período de mi vida fue el de conseguir la mejor forma física posible para intentar tener otro hijo.

El ejercicio y la alimentación son dos temas sobre los que se puede explorar mucho, pero para nuestro propósito de autocuidado, voy a hacer que resulten sencillos, reales y alcanzables. La esencia de mi mensaje es el reconocimiento de que solo la voluntad no es suficiente. El ser humano es así, no puede evitar ponérselo difícil. Compensamos el déficit de fuerza de voluntad mediante estrategias que reducen el número de decisiones que tenemos que tomar y con herramientas psicológicas para limitar el volumen de tentación para que nuestra fuerza de voluntad no se vea tan comprometida.

Así que en lugar de un planteamiento único que sea beneficioso para todos, vamos a echar un vistazo a la psicología del ejercicio y la alimentación saludables. Proporcionaré una amplia serie de principios y consejos que podrá utilizar como inspiración para realizar una lluvia de ideas sobre sus actividades de autocuidado con respecto al ejercicio y la alimentación.

Antes de empezar a hablar de cambios en la dieta y en los patrones de ejercicio, me gustaría recordarle que cualquier cambio que contemple debe realizarlo a largo plazo. Dé pasos pequeños y seguros en la alimentación y el ejercicio para lograr estar más sano y feliz. Los cambios drásticos y radicales simplemente no son sostenibles.

LOS PRINCIPIOS DEL EJERCICIO SALUDABLE

1. Muévase todos los días como mínimo durante veinte minutos

No es cuestión de ejercicio, sino de movimiento. Puede ser bailar con sus hijos, cuidar el jardín, pasar la aspiradora o simplemente andar. Cualquier movimiento cuenta.

2. Muévase por su salud mental

No se trata solo de tener unos abdominales marcados, el ejercicio potenciará su claridad de pensamiento y su creatividad, liberará el estrés y le ayudará a tomar mejores decisiones. Recuerde que no es un capricho, que es una parte esencial de su rutina de autocuidado.

3. Que sea variado y divertido

Un compromiso sostenible con el ejercicio consiste en encontrar una forma de moverse con la que disfrute. Por favor, deseche la idea de que el ejercicio tiene que doler para ser efectivo. Abandone la mentalidad «si no hay dolor no hay ganancia» de los atletas de élite. En mi experiencia, si no disfruto de verdad con la actividad deportiva que haya escogido, no sigo con ella, así que esté preparado para probar distintas cosas. Desafiar su cuerpo y su mente de diferentes maneras le ayudará a mantener su motivación y evitará que se estanquen los resultados físicos.

4. Planee con antelación

Busque los márgenes de oportunidad y organícese. El cambio no se da por sí solo, tiene que estar preparado para hacer las cosas de manera distinta. Infórmese sobre clases o deportes que le puedan gustar y a horas adecuadas para su estilo de vida. Lleve ropa de deporte en el automóvil y así no perderá ninguna oportunidad. Involucre a sus hijos o a sus amigos y haga que sea una prioridad en su vida cotidiana. Si todo lo demás fracasa, siempre tendrá la rutina de yoga al final de este capítulo (*véanse* págs. 96-97) para practicar en casa. ¡No hay excusas!

5. Trabaje con lo que tiene

Incluso tan solo cinco minutos son siempre mejor que nada. No hace falta que lo haga todo al mismo tiempo. El ejercicio tiene un efecto acumulativo, de modo que siga invirtiendo el tiempo cuando pueda.

CÓMO LOGRAR HACER EJERCICIO

▸ No hace falta ser socio de un gimnasio o tener un equipo extravagante, todo lo que necesita es su cuerpo. Salga a la calle y pasee. Utilice el entorno —colinas, escaleras y bancos— para hacer ejercicios de subir escalones, flexiones y fondos de paralelas. Aprenda algunos ejercicios sencillos que usen el peso del propio cuerpo, como sentadillas y zancadas, e intercálelos con sesiones de andar o de correr. Deshágase de la idea de que solo el ejercicio estructurado es el que vale. ¿Cómo es su movimiento incidental? ¿Puede estar de pie en lugar de sentado? ¿Caminar en lugar de conducir?

A veces, cambio mi rutina de ejercicio por una visita al zoo con mi hija de seis años... ¡corro lo mismo! En lugar de quedar para tomar un café con un amigo, algo que es sedentario, ¿por qué no pedirlo para llevar y dar un paseo?

Intente hacer ejercicio al comienzo del día; aunque solo sea un rato corto es bueno para el compromiso de optar por cosas saludables —después de hacer ejercicio hay menos probabilidades de elegir alimentos que no son sanos, porque no se quiere desaprovechar el esfuerzo que se ha realizado.

Prepárese para elegir movimientos saludables. Piense de forma proactiva en las cosas que se interponen para que haga ejercicio, y mediante una lluvia de ideas, intente buscar soluciones para evitarlas. Emplee la fórmula: «Si sucede X, entonces yo haré Y»[27]. Estas afirmaciones ayudan a superar el déficit de fuerza de voluntad y hará que tome más a menudo mejores decisiones. Así que si tiene planeado salir a correr, su afirmación modelo sería: «Está lloviendo, entonces voy a sacar mi esterilla de yoga en casa». O cuando el cansancio sea un impedimento para hacer ejercicio: «Si estoy cansado, entonces me voy a levantar y escoger algo más suave; me voy a mover porque sé que me dará energía». O si no tiene mucho tiempo: «Si no puedo conseguir un minuto para mí, entonces voy a poner mis canciones favoritas y voy a bailar un poco mientras preparo la cena».

Durante años he estado dando la lata sobre el valor del ejercicio «incidental» —todos los movimientos, no solo el ejercicio organizado, cuentan cuando se trata de beneficios para la salud y para estar en forma—. Eso significa que limpiar el baño puede ser tan efectivo como una rutina en el gimnasio, y un estudio reciente[28] muestra cómo ajustar la potencia de los movimientos diarios. Y todo se reduce a la actitud que uno adopte.

El estudio utilizó personal que pasa la jornada laboral entera ocupado con la actividad física de limpiar habitaciones de hotel. A un grupo se le informó de los beneficios del ejercicio y se le facilitó información concreta sobre los efectos físicos de sus tareas específicas, por ejemplo, que solo quince minutos pasando el aspirador puede quemar cincuenta calorías. También les dijeron que un día normal de trabajo en su actividad excede en mucho las directrices que proporciona Sanidad sobre el ejercicio diario.

A otro grupo se le dio la misma información sobre los beneficios del ejercicio, pero no se le dijo que en realidad sus tareas también son «ejercicio». Comparar los resultados de los dos grupos podría determinar si existía algún beneficio en saber lo que sirve de ejercicio.

El estudio siguió el progreso de estos trabajadores durante un mes. Después de tan solo cuatro semanas de saber que su trabajo era ejercicio, un grupo perdió una media de un kilo, la presión arterial se redujo aproximadamente diez puntos y perdió grasa corporal, todo sin ninguna modificación en la dieta y sin ejercicio adicional. Este cambio se produjo tan solo por ser conscientes de sus movimientos y sus efectos positivos. El otro grupo se quedó igual que estaba al principio del estudio.

Estos resultados demuestran con claridad el poder de la mente. De modo que la próxima vez que trabaje en el jardín o que opte por subir las escaleras, reconozca que está haciendo abdominales, endureciendo los bíceps y reduciendo el volumen de los muslos. Cuando se mueva, busque formas en las que pueda acelerar los cambios potenciales en su cuerpo simplemente aprovechando el poder de la mente.

LOS PRINCIPIOS DE UNA DIETA SALUDABLE

▸ **La clave de una dieta saludable sostenible reside en elegir bien la mayor parte del tiempo.**
Coma alimentos no procesados (frescos y enteros). Consuma proteínas (carne, pescado y huevos), frutas y verduras frescas en lugar de hidratos de carbono. Trate de no comer mucha comida basura. Nunca es un buen momento para empezar, de modo que empiece ya a poner en práctica este principio. Si no lo cumple, vuelva a empezar enseguida y no mañana o la semana que viene.

▸ **Trabaje con la ecuación «energía ingerida, energía consumida».**
Si quiere perder peso o reducir la grasa corporal, tiene que quemar más energía de la que consume.

▸ **Respete el hambre.**
Aprenda a conocerlo y a escucharlo. No llegue a estar hambriento, porque entonces lo más probable es que no escoja bien. Deje de comer cuando se sienta satisfecho. Si come despacio y conscientemente calculará mejor cuándo se siente lleno. Cuando vaya a coger algún alimento, reconozca si hay otras razones aparte del hambre. Busque otras formas de llenar ese vacío, y si no puede controlar el impulso, opte por alimentos sanos, no por basura que le perjudique.

▸ **Alimente su cerebro y nutra su estado de ánimo.**
No espere sentirse lleno de energía y pensar con claridad
si no ha comido suficiente. No espere sentirse tranquilo
y relajado si se hincha a cafeína y azúcar. Así que alimente
su cerebro y nutra su estado de ánimo comiendo
alimentos sanos con regularidad.

▸ **Organícese y prepárese.**
Planifique sus comidas y haga una lista de la compra.
Para minimizar el número de elecciones de alimentos
que tiene que hacer durante el día, anote lo que planea
comer mañana y asegúrese de que esos alimentos
estén disponibles. Prepárelos y llévelos con usted
si fuera necesario. Incluso puede planificar si se va a dar
un capricho y cómo compensarlo después. Tenga a mano
opciones saludables: lo que tenga más fácil tiene que
ser saludable.

CÓMO COMER DE FORMA SALUDABLE

CONÓZCASE A SÍ MISMO Y TOME MEDIDAS

▸ Sea consciente y responsable, y ocúpese de su alimentación. En su diario de la vitalidad (*véase* pág. 41), anote lo que come y lo que bebe. Utilice esta información para conocerse de verdad: sus puntos fuertes y sus debilidades. En términos de nutrición, apunte lo que está haciendo bien y si hay aspectos que necesitan más atención. Si ha conseguido preparar muy bien una de las comidas del día, pero las otras necesita perfeccionarlas. Si las comidas son bastante ricas, pero quizás tenga que mejorar los tentempiés. Usted sabe el tipo de cambios que tiene que hacer; empiece por pensar en diversas ideas para encontrar soluciones y póngalas en práctica paso a paso.

IDENTIFIQUE LOS ALIMENTOS QUE PUEDE SUSTITUIR

▸ ¿Cuáles son algunas de las cosas que puede cambiar (que no le cuesten mucho) por otras? Por ejemplo, para mí, el café es como una «puerta de entrada»: me tienta ponerle azúcar y después quiero más cosas dulces, como pasteles. Sin embargo, el té verde me induce a comer alternativas más saludables y mantiene mis ansias de azúcar a raya. Pero esto es lo que me pasa a mí. ¿Qué puede sustituir usted?

¿ES UNA PERSONA MODERADA O RADICAL?

▸ Es una persona moderada si puede disfrutar de un capricho de vez en cuando y le estresa la idea de eliminar algún alimento de la dieta. Es radical si tiene problemas para comer solo un poco del capricho y prefiere eliminar directamente la tentación[29]. Sea sincero consigo mismo, decida si es una persona moderada o radical y planifique una dieta saludable y una estrategia de compra según el caso. Quizás pueda barajar los dos principios; por ejemplo, a mí no me apetece en absoluto la idea de una vida sin hamburguesas, vino tinto y chocolate, así que en eso sería moderada. Sin embargo, también soy radical, porque debo admitir que me resulta difícil comer solo un poco de algunas cosas. Si tengo chocolate con leche en casa, no me puedo comer solo un trocito, por eso evito el problema y no lo compro. Adquiero chocolate negro y como solo un poco.

PRIME EL CEREBRO

▸ Anticípese a las situaciones que hacen que le resulte difícil limitarse a los alimentos saludables y piense en cómo lidiar con ellas. Piense en muchas afirmaciones del tipo «si..., entonces» para comer sano, y anótelas para no tener que confiar en su fuerza de voluntad. Por ejemplo, si me tomo un café con leche, lo preparo con leche desnatada y sin azúcar. Si un amigo o una amiga quiere quedar, entonces propongo ir a dar un paseo en lugar de quedar para tomar algo. Si salgo a cenar y me apetece un postre, lo comparto.

SABOREE LOS CAPRICHOS

▶ El principio que subyace en una dieta saludable sostenible es tomar decisiones adecuadas la mayoría del tiempo. De modo que mi consejo preferido es que si se va a dar un capricho, disfrútelo. Hay más alegría en un trocito de chocolate saboreado que en un puñado engullido con culpabilidad. Puede que descubra que no tiene que consumir tanta cantidad para satisfacer su deseo, y seguramente no le volverá a apetecer durante un tiempo. Si es necesario, planifique cómo puede adecuar estos caprichos para disfrutar de ellos sin sentirse culpable.

● ● ● ● ● ● ● ● ●

pequeñas perlas ›

▸ Tanto si se siente repleto de energía y entusiasmo como quemado, comer bien y moverse es la clave de su bienestar. Si se encuentra de capa caída, decántese por ejercicios suaves y relajantes, y coma para levantar el ánimo.

▸ La fuerza de voluntad no es suficiente por sí sola para mantener una dieta equilibrada y hacer ejercicio de forma regular —utilice afirmaciones modelo para ayudarle a superar barreras y planifique la semana con objeto de reducir el número de decisiones que tendrá que tomar.

▸ Opte por cambios que pueda mantener. Los cambios radicales pueden lograr resultados impresionantes, pero si no es capaz de mantenerlos, los resultados tampoco durarán. Para crear nuevos hábitos, lo mejor son pasos pequeños y seguros.

▸ Haga diferentes tipos de ejercicio y que le resulten divertidos, y sea consciente de que no solo es bueno para el cuerpo, sino que además le ayuda a superar el estrés y a ser más creativo. Aumente los beneficios del ejercicio utilizando el poder de la mente y percibiendo sus efectos.

▸ Muévase todos los días como mínimo veinte minutos y recuerde que cualquier movimiento cuenta.

▸ Una dieta sana y sostenible supone elegir bien casi todo el tiempo y crear un equilibrio entre la energía que ingiere y la que gasta. Escuche al hambre, identifique los alimentos que puede sustituir y saboree de verdad cualquier capricho que se dé.

notas para mí ›

_____

_____

_____

_____

_____

_____

_____

_____

_____

_____

_____

_____

_____

_____

_____

_____

_____

_____

_____

ejercicio y alimentación

YOGA PARA POTENCIAR EL FUEGO METABÓLICO Y PARA MODELAR Y TONIFICAR

Respiración de la montaña con plie

Haga una sentadilla, con las piernas abiertas y los pies 45° hacia fuera. Inspire y estire las piernas, y levante los brazos por encima de la cabeza. Espire y flexione las rodillas para hacer una sentadilla y baje los brazos. Repítalo de seis a diez veces; sentirá una sensación de energía alrededor de su cuerpo.

Zancada

De pie en la parte posterior de la esterilla con los pies separados la anchura de las caderas, dé un paso grande hacia delante con el pie derecho y flexione bien la rodilla derecha y baje la izquierda hacia el suelo sin llegar a tocarlo. Espire y dé un paso hacia atrás con el pie derecho, inspire y dé un paso adelante con el pie izquierdo; espire y dé un paso hacia atrás con el pie izquierdo. Siga alternando la zancada y repita el movimiento de cinco a diez veces con cada pierna. Advierta el calor de su fuego interno.

Flexión de tronco con las piernas abiertas

Póngase de pie con las piernas abiertas el doble de la anchura de los hombros y la parte exterior de los pies paralela. Inspire y coloque las manos en las caderas y levante el pecho; espire y afloje las rodillas, flexione el tronco desde la cadera y lleve la punta de los dedos al suelo. Las rodillas pueden estar bastante flexionadas para que se pueda concentrar en relajar la columna, aunque también puede mantener las piernas rectas y así estirar más los tendones —escoja lo que le resulte más agradable—. Haga de cinco a diez respiraciones para sentir la energía.

Deslizamiento *chi* haciendo un ocho

Póngase de pie con las piernas separadas y los pies rectos, inspire y junte las manos delante del pecho. Espire y gire el pie derecho 45º hacia fuera, flexione la rodilla derecha y deslice las manos hacia abajo y haga un círculo formando la mitad de un ocho. Inspire y vuelva a poner el pie derecho recto y las manos delante del pecho. Espire y gire el pie izquierdo hacia fuera, flexione la rodilla izquierda y deslice las manos hacia abajo y haga un círculo hacia la izquierda formando la otra mitad de un ocho. Inspire y vuelva a poner el pie izquierdo recto y las manos delante del pecho. Repita seis veces a cada lado y sienta cómo se libera la energía.

tres

MECANISMOS DE RESOLUCIÓN DE PROBLEMAS

▸ Ahora esto produce risa, pero fue la colada lo que me llevó al borde de un ataque de nervios —todo lo que requería un pobrecito angelito con reflujo, lo que necesitaba mi padre y, mientras mi madre se recuperaba, lo que ella necesitaba también—. Estaba pensando en las miles de lavadoras que tenía que poner. En realidad, ponía dos al día (además de cuidar a un recién nacido y llevarle todos los días comida a mi padre), pero en mi cabeza estaba haciendo la colada de hoy, la de mañana y las futuras, que se desplegaban delante de mí hasta el infinito. Todo lo que hacía falta para controlar esos pensamientos negativos era una herramienta que los desmenuzase.

El camino de los mecanismos para resolver problemas en la rueda de la vitalidad aprovecha la fuerza de la mente y le ofrece conceptos que le ayudarán a hacer frente a estas situaciones. En momentos de estrés, nuestro pensamiento muchas veces se ve afectado, y nuestro diálogo interior puede volverse cada vez más molesto. A menudo es nuestra forma de ver la vida lo que amplía nuestro dolor. «Generalizamos» nuestros problemas y los convertimos en catástrofes, y sentimos que se extienden y se agrandan, o tenemos miedo porque pensamos que nunca se van a acabar.

Estas herramientas están diseñadas para ayudarle a interpretar los acontecimientos de una forma más equilibrada y a desmenuzar el estrés para que resulte más manejable. Crean una línea divisoria para el estrés, lo que permite tener espacio para respirar y sanar. Le animo a que lea estas técnicas, trabaje con las que le resulten más adecuadas y pruebe la secuencia de yoga para aprovechar la sensación de fuerza interior y paz.

PONGA UN CÍRCULO ALREDEDOR

▸ Este sigue siendo uno de los mejores consejos que me han dado. Me ayudó a volver a la normalidad cuando la vida me sobrepasaba, y ahora que mi vida es más tranquila, todavía lo utilizo cada día. En un nivel sencillo, te permite concentrarte en una actividad o período de tiempo a la vez. En los primeros meses de maternidad, cuando estaba abrumada con la colada, poner un círculo alrededor de esa tarea en esa ocasión concreta me permitía recordar que en ese momento solo tenía que poner una lavadora, no mil, y que esa tarea sí que la podía realizar.

Al principio de las vacaciones escolares de verano, empecé a obsesionarme porque no sabía cómo iba a atender las necesidades de mis dos hijos durante seis semanas. Pero la clave estaba en recordar que las seis semanas no eran todas a la vez. Todo el mundo sabe lo fácil que es perderse en la enormidad de las tareas que nos esperan, pero si las divides en partes más pequeñas resultan más manejables. Hay que ir día a día. Ponga un círculo alrededor de ese día y abórdelo así, de hora en hora, o minuto a minuto, cuando sea necesario.

«Poner un círculo alrededor» también permite aislar la parte de su vida que en ese momento constituye un desafío —quizás esté pasando una mala racha en su relación de pareja o tenga problemas en el trabajo—. Esta herramienta le ayuda a reconocer que eso no lo es todo, que solo es una faceta de la vida que en ese momento es más complicada. O puede que esté pasando por un período turbulento donde diferentes aspectos de su vida constituyen un reto. Puede trazar un círculo y considerarlo un período extraordinario y reconocerlo como tal. Aunque no pueda estar seguro de su duración, puede encontrar consuelo en el conocimiento de que no va a durar para siempre. Poner un círculo alrededor de una época difícil de su vida puede permitirle crear un poco más de espacio con objeto de hacer lo necesario para abordar las circunstancias. Le puede ayudar a concederse permiso para hacer más algunas cosas y menos otras, a definir mejor sus prioridades, a alejar otras cargas hasta que se sienta más capacitado de lidiar con ellas y, lo que es más importante, a pedir ayuda a otros y determinar cómo le pueden ayudar.

● ● ● ● ● ● ● ●

CONOZCA SUS LÍMITES

TODO LO QUE
ESTÁ DENTRO
DE SU CONTROL

TODO LO QUE ESTÁ FUERA
DE SU CONTROL

▸ Es sencillo: identifique lo que está dentro de su control y lo que está fuera de él. El círculo azul de control me ayuda a visualizarlo. Pregúntese si puede hacer algo sobre ello. Utilice su energía, su esfuerzo y su atención en lo que pueda controlar y actúe ahí. Reconozca dónde no tiene influencia. Preocuparse y desear cosas que no están en su poder es una pérdida de tiempo. Aprenda a conocer sus límites y sienta cómo esto simplifica la vida, dónde dirige su atención y sus acciones. Habrá momentos en los que tendremos que enfrentarnos a cosas importantes sobre las que no tenemos control; sin embargo, lo que siempre está en nuestro poder es la forma en la que respondemos a esos acontecimientos.

MINDFULNESS

▸ El *mindfulness* me ayudó a visualizar los dolorosos
acontecimientos que se presentaban en mi vida
sin involucrarme en el caos y sin que formasen parte
de mi identidad —somos más que nuestra historia—.
Creó un pequeño espacio entre lo que estaba sucediendo
en mi vida y mi persona; esa poca distancia eliminó
parte del escozor. Con el *mindfulness* podía observar
y aceptar la vida como era con menos conflicto interior
—estas cosas iban a suceder de todos modos, así que
simplemente dejándolas existir tenía más recursos
para decidir cómo responder.

QUÉ ES EL *MINDFULNESS*

▸ El *mindfulness* es estar en contacto con el presente
sin juzgarlo. Cuando estamos despiertos solemos
tener muchos pensamientos reactivos, no dejamos
de cavilar, nos adelantamos a lo que va a ocurrir
y después retrocedemos y recordamos el pasado.
No tener *mindfulness*, o atención consciente, es como
estar en piloto automático, donde simplemente nos
suceden todas estas reflexiones mentales. Desarrollar
el *mindfulness* hace que regresemos al asiento del piloto
en lugar de estar perdidos en ese mar de pensamientos.

Uno de los conceptos clave del *mindfulness* es no juzgar. Practicar la percepción sin juzgar puede ser algo liberador —en vez de luchar en este momento y reaccionar de forma impulsiva, podemos reconocer lo que está pasando y cómo nos sentimos respecto a ello, y después dar una respuesta mesurada—. Esto nos otorga el poder de romper el automatismo y nos conecta con la sabiduría interior.

LO QUE NO ES *MINDFULNESS*

▶ El *mindfulness* no significa recibir la vida de forma pasiva; se siguen teniendo opciones y hay que actuar. La tradición del *mindfulnesss* reconoce que somos más que nuestros pensamientos, sentimientos, recuerdos y sensaciones, y que en realidad somos los testigos de estos estados pasajeros. Esto en sí mismo puede ser un concepto muy sanador.

Cultivar el *mindfulness* no significa no utilizar nuestra capacidad mental para discernir. Hay un momento para estar inmerso en los pensamientos, para rememorar cosas alegres o para anticiparse con júbilo ante lo que va a venir. La atención consciente nos permite escoger cómo y cuándo aprovechamos nuestras mentes de una manera determinada.

MANERAS DE DESARROLLAR EL *MINDFULNESS*

- **Comer conscientemente.** Sea consciente de lo que come: el olor, la textura, los colores. Tome un pequeño bocado y explore lentamente todas las sensaciones.

- **Respirar conscientemente.** Perciba las sensaciones de su respiración. No intente cambiarla, tan solo respire de forma natural. Advierta la expansión de la inspiración y hasta dónde llega en el cuerpo. Sienta la espiración al dejar que el aire salga.

- **Sentarse conscientemente.** Fíjese en lo que le rodea; qué ve, qué oye, qué huele. Note las sensaciones en su cuerpo: los pies en el suelo, el alargamiento de la columna al levantar la cabeza hacia arriba. Sea consciente de cuándo su mente se fija en algo y, cada vez que lo hace, llévelo a la experiencia de estar sentado sin juzgar.

- **Caminar conscientemente.** Salga a dar un paseo y observe los fenómenos exteriores e interiores. Fíjese en el entorno que le rodea, los animales que ve, las personas, el clima, la vegetación, la arquitectura, y observe su diálogo interior. Simplemente presencie los fenómenos pasajeros sin involucrarse en ellos.

PARA TENER ATENCIÓN CONSCIENTE Y DESAFIAR LOS MOMENTOS COTIDIANOS, SIGA MI ABECÉ

Unas cuantas respiraciones profundas. Limítese a estar con su respiración. Esto le ayudará a encontrarse en un lugar de calma. Manténgase en esta fase todo el tiempo que necesite.

Sea consciente. Fíjese en lo que sucede a su alrededor y en su interior. Sea consciente de que resistirse a ello solo hace que su incomodidad aumente. Relaje su cuerpo y acepte lo que hay.

Decida cómo va a responder. Reconozca que tiene opciones. Quizás no necesite hacer nada, o tal vez se requiera algo de usted. Tanto la compasión como la curiosidad le pueden ayudar.

mecanismos de resolución de problemas

LA COMPASIÓN

▸ Aunque el *mindfulness* es poderoso, por sí solo no es suficiente, necesita ir unido a la compasión. Ser conscientes y dejar que las cosas sigan su cauce tiene que formularse dentro de un contexto de compasión por nosotros y por los demás.

La compasión es la habilidad de reconocer y de ver el sufrimiento de los demás. Es el deseo de practicar la bondad y ayudar a aquellos que sufren; también es el reconocimiento de nuestra humanidad. Uno de mis mantras sobre la compasión es: «Estamos en esto juntos». Saber que no estás solo puede ser muy sanador, y esa sensación compartida puede impulsarnos a seguir.

¿CÓMO CULTIVAMOS LA COMPASIÓN?

▸ Hay que empezar por nosotros mismos, por muy difícil que parezca. Tener compasión por uno mismo es tan importante como tenerla por los demás. Todos conocemos el dicho que reza: «No puedes querer a nadie hasta que no te quieras a ti mismo», pero ¿cómo aprendemos a querernos? Hay que hablar con uno mismo como lo harías con tu mejor amigo.

• **Observe la manera en que se habla a sí mismo** (su voz interior y lo que vocaliza). No puede cambiar nada hasta que sea consciente de ello, así que aprenda a hacerlo.

• **Solo dígase cosas que sean apropiadas para su mejor amigo.**

• **Si advierte que se está hablando con dureza, intente ser amable y sea consciente de lo difícil que puede ser.** Diga de manera consciente: «No me voy a hacer más esto», y exprese de otra manera lo que ha dicho. No se reprenda.

Si esto le parece que le puede ayudar, tómese un momento para contemplar este mantra. O bien sentado o estirado, busque un lugar cómodo donde descansar las manos, cierre los ojos, relaje la respiración y el cuerpo y repita varias veces: «Estoy seguro, me quieren, me abrazan».

Para muchos de nosotros nuestro crítico sistema de conversaciones interiores surge del perfeccionismo, y pensamos que ser duros con nosotros mismos nos ayudará a estar a la altura de nuestras expectativas. Ser negativos no mejora nuestra actuación ni nuestra seguridad, salud o bienestar. No te hace mejor persona; al contrario, te sabotea. Hay que ser sincero, pero hay que serlo de una forma positiva.

Una y otra vez, cuando hago esta sugerencia, las personas dicen que tienen una sensación de despertar que lo cambia todo. Hablar consigo mismo de una forma más amable le permitirá tratar de forma diferente los errores, aprender y crecer. Lo que espero que vea aumentar es el disfrute, la autoestima, la paciencia y una mayor habilidad para responder de forma constructiva al estrés de la vida.

Otro mantra que me ayuda a cultivar una sensación de autocompasión es: «Estás segura, te quieren, te abrazan». Estas son las palabras que me vinieron a la mente en mi esterilla de yoga cuando estaba embarazada de mi hijo Ted. Mientras acariciaba con las manos la barriga, comencé a repetirlas. Esa conexión me produjo una profunda sensación de paz, y pensé que esas palabras también eran un gran consuelo para mí como adulta. Al margen de su edad o de la fase de la vida en que se encuentre, esto es lo que todos necesitamos sentir para crecer: que estamos seguros, que somos queridos y que nos abrazan. También advertí que, como adulta, necesito poder extender estos regalos a mí misma. Los mayores desafíos a los que me he enfrentado en la vida han perfeccionado, sin duda, esta lección: que debemos aprender a ser padres y madres de nosotros mismos.

Si esto le parece que le puede ayudar, tómese un momento para contemplar este mantra. O bien sentado o estirado, busque un lugar cómodo donde descansar las manos, cierre los ojos, relaje la respiración y el cuerpo y repita varias veces: «Estoy seguro, me quieren, me abrazan».

CONCÉDASE PERMISO PARA SENTIRSE COMO SE SIENTE

▸ Uno de los mayores avances que hice en mi viaje sanador fue cuando mi consejero me dijo: «Claro que te sientes así». Fue como si me hubiesen quitado un enorme peso de encima, y eso me ayudó a no ser tan dura conmigo misma. Al considerar que era normal la manera en que me sentía, fui capaz de conectar con mis sentimientos, expresarme mejor y desenvolverme de un modo más eficiente. Dar voz a los sentimientos ayuda a sacarlos a la superficie y a que se disipen.

Y ahora otro bombazo: mi objetivo como psicóloga no es lograr que las personas estén siempre felices. No es realista ni útil aspirar a eso. Un funcionamiento psicológico normal no es la ausencia de sentimientos desagradables. Es normal tener a veces ansiedad o sentirse deprimido; no son más que pensamientos y no significa necesariamente que «tenga ansiedad» o que esté «deprimido». Así que aquí viene la parte que le cambiará la vida: no ocurre nada si deja de intentar erradicar los pensamientos y los sentimientos negativos.

HAY UN SITIO PARA TODO TIPO DE EMOCIONES

▸ No pretendemos ser felices siempre, lo que intentamos es tener una respuesta emocional adecuada a la situación y que esta nos ayude a conseguir el resultado deseado. Todas las emociones tienen su sitio; de hecho, yo ya no utilizo la distinción entre emociones negativas y positivas. Puede que el enfado no resulte agradable, pero ayuda a protegernos y a hacer valer nuestras creencias. La pena también es dolorosa, pero es la respuesta natural a la pérdida y, al igual que la tristeza, es una llamada para meditar, aflojar el paso y conservar la energía. La vergüenza es una señal de que hemos cometido un error y de que hay que subsanarlo de alguna manera. La culpa sugiere que hemos roto nuestro código moral y que necesitamos ajustar nuestro comportamiento. La duda nos induce a evaluar nuestras habilidades. Ninguno de estos sentimientos es especialmente agradable, pero tienen su lugar y su sano propósito.

¡No pasa nada si deja
de intentar erradicar
los pensamientos y los
sentimientos negativos!

Intentar detener, ignorar o negar los sentimientos aumenta el dolor; lo que nos ayuda a encontrar la paz es aprender a explorar los sentimientos, incluso los difíciles. Aprender a etiquetar y a interpretar las emociones puede ser una experiencia transformadora —no es que las sienta menos, pero ayuda a sobrellevarlas de forma más eficiente—. Busque la presencia de más de una emoción o considere otras maneras de describir lo que siente. Muchas veces los pacientes me consultan porque tienen ansiedad, pero cuando estudiamos con detenimiento lo que les ocurre, vemos que hay muchos matices: agitación, miedo, tristeza, vulnerabilidad. Hay muchas personas que acuden a mi consulta después de sufrir una importante pérdida diciendo que no quieren sentirse «así», o que no «deberían» de sentirse así. El quid de la cuestión es que no necesitan que les curen y no se puede hacer nada para quitarles la pena. Yo les ofrezco un lugar seguro para expresar sus sentimientos y, al hacerlo, esos pensamientos y emociones se experimentan y se liberan. Les recuerdo que la tristeza es la respuesta saludable a la pérdida y que, en sí misma, no es causa de preocupación, y aunque resulta incómodo experimentar estas emociones, hay que procesarlas para que esos sentimientos empiecen a disiparse y a revelar otros, como una profunda gratitud, alivio y un amor duradero.

Sufrir en algún momento es algo inherente a la vida humana. Tenemos que permitirnos sentir estas cosas y saber que cualquier intento de evitarlas solo hará que nuestro dolor aumente. La única salida es *vivirlas*. El dolor es un hecho ineludible de la vida y es esencial para crecer como personas. Sea comprensivo y concédase el tiempo y el espacio necesarios para sentir lo que siente, y el autocuidado le ayudará a superarlo.

CÓMO LIDIAR CON LOS PENSAMIENTOS INÚTILES

▶ Aunque es importante permitirnos sentir lo que sentimos, en ocasiones nuestros pensamientos pueden ser tóxicos. Cuando pensamos en exceso, damos muchas vueltas a lo que hemos dicho o hecho, o a nuestros sentimientos o problemas. Hay que enfrentarse a las cuestiones de nuestra vida, pero pensar en exceso, especialmente cuando estamos desanimados, casi nunca ayuda; de hecho, puede provocar una serie de efectos perjudiciales[30], como pesimismo y tristeza. Más que ir en círculos, dele a su cerebro otras cosas en las que centrarse, como música, mantras, la respiración o el ejercicio: esto le puede ayudar a ver más tarde con más claridad el tema que le preocupa y a fomentar la creatividad para encontrar soluciones.

mecanismos de resolución de problemas

Intente anotar el motivo de su preocupación, ya que puede ayudarle a cristalizar sus pensamientos o a identificar cuestiones subyacentes. Cuando acabe, deshágase de las notas para no seguir con su negatividad. Es conveniente hablar con un amigo; decir en voz alta lo que nos preocupa permite ver las cosas con más claridad y puede reducir la carga emocional de los pensamientos descontrolados. Escuchar que otros comparten nuestros sentimientos también puede ayudar a normalizar la situación. Tenga cuidado de no expresar continuamente sentimientos negativos con el mismo amigo; hay que tener en cuenta también su saldo de energía. Intente pensar en futuro y preguntarse si lo que le preocupa importará dentro de un año. Si es que sí, pregúntese qué está aprendiendo y si le ayuda a crecer.

REPLANTEARSE LA ADVERSIDAD

▸ La pena por mi padre y el estrés de cuidar de un recién nacido me hicieron sentir que padecía algún tipo de síndrome de estrés postraumático. Mis ojos se abrieron a un concepto por completo distinto cuando leí el libro de Martin Seligman Flourish, que habla de «crecimiento postraumático» (CPT). Nunca había oído ese término, y en ese instante tuve la intuición de que mi experiencia pasaba de ser algo únicamente debilitante a ser algo en principio positivo. Solo el hecho de leer sobre ello en aquel momento me ayudó, e incluso ahora puedo ver cómo su lectura me transformó. Espero que este concepto le pueda resultar de ayuda, si no ahora mismo, quizás sí en el futuro.

QUÉ ES EL CRECIMIENTO POSTRAUMÁTICO

▶ Este término fue acuñado por los psicólogos Richard G. Tedeschi y Lawrence G. Calhoun en 1995[31], y se puede definir como el cambio psicológico positivo experimentado al enfrentarse a una experiencia traumática. No solo significa volver al punto donde se estaba antes de padecer ese período de sufrimiento, sino que se trata de una mejora que para algunas personas es muy importante. Según las investigaciones[32], un número considerable de personas que tienen síntomas de depresión y de ansiedad después de una adversidad extrema llegan, con el tiempo, a un nivel más alto de funcionamiento psicológico que antes. Sorprendentemente descubrieron que cuanto peor era la tragedia, mayor era el crecimiento.

Es importante constatar que no estoy diciendo que el crecimiento postraumático implique la ausencia de aflicción, ni tampoco estoy juzgando estos acontecimientos en términos de lo que está bien o mal, es justo o injusto; tan solo se trata de lo que es. Estos acontecimientos pueden provocar un daño innegable, pero esto puede ocurrir al mismo tiempo, o al menos estar seguidos por una sensación de crecimiento, expansión y transformación.

Si está viviendo una situación traumática, estas palabras puede que le resulten huecas. La sugerencia de que algo bueno puede surgir de su pérdida incluso le puede resultar escandalosa, pero le insto a que se mantenga abierto a esa posibilidad. Aunque la pérdida y la tragedia nunca son bienvenidas, al menos, con el tiempo, de ellas puede surgir algo valioso.

Si se siente inspirado con el concepto de crecimiento postraumático, puede utilizar el diario de la vitalidad para reflexionar sobre él. Los siguientes puntos quizás le hagan ver el lado bueno de sus experiencias: cuando piense sobre su experiencia, pregúntese a qué fortaleza personal tuvo que apelar, si sus relaciones personales evolucionaron o si se profundizaron los lazos afectivos, si se abrieron nuevas puertas, si su apreciación por la vida ha cambiado.

MI EXPERIENCIA DE CRECIMIENTO POSTRAUMÁTICO

▸ El día después de dar a luz, una semana antes de la insuficiencia respiratoria de mi padre y de esos últimos adioses, me pregunté si alguna vez volvería a sentirme entera. Al mirar atrás, interpreto esos sentimientos como si me hubiesen abierto el corazón y estuviese completamente consciente, no solo del sufrimiento, sino también de la alegría, la compasión y la ecuanimidad.

Gracias a esta experiencia, soy muy consciente de la fragilidad y el valor de la vida. A lo largo de los años, una vez que las olas de pena han batido sobre mí (y siguen haciéndolo), considero que esta intensa tristeza se ha convertido en un profundo embalse de gratitud hacia mi padre por todo lo que aportó a este mundo y por todo lo que estoy aprendiendo como resultado de estas experiencias.

Ahora que ya ha transcurrido mucho tiempo y ha cesado el dolor inmediato de la pena, me vuelvo a sentir desbordante, y el efecto más tangible para mí es la llamada para actuar en el propósito de mi vida con coraje y convicción. Este libro es el resultado directo de mi experiencia de crecimiento postraumático. Aunque es muy posible que con el tiempo hubiese llegado a tomar las mismas decisiones, siento que mi pérdida me ha impulsado con apremio a vivir una vida más plena y auténtica.

Aunque todas las cosas se debilitan y mueren, a partir de ellas se abren los pétalos aterciopelados de nuestro corazón y podemos aprender a abrazar nuestra pérdida y, a la vez, expresar gratitud por lo que ha sucedido y crecer para aceptar por completo esta maravillosa vida.

El concepto de «buscar el lado bueno de las cosas» también es útil para tratar los pequeños baches. No se apresure a pensar en los acontecimientos indeseados como algo del todo negativo. Cuando no pude conseguir una muy deseada plaza escolar para mi hija en el colegio en el que había cursado preescolar y donde ya ha había echado raíces, Charlotte y yo, literalmente, duplicamos nuestros contactos sociales porque hicimos amigos en dos colegios. Estas son las preguntas que me ayudan a conectar con los beneficios ocultos: ¿hay algo positivo que pueda salir de esto?, ¿qué puedo aprender de ello? Reflexionar sobre estas preguntas me ayuda a encontrar una perspectiva mejor.

Otro mantra muy útil para hallar el equilibrio es: «¿Cómo podría empeorar?». Es fácil comenzar a pensar en cómo pueden mejorar las cosas. Cuando mis pequeños están enfermos, intento ser consciente de que podría ser mucho peor: sabemos lo que tienen, sus enfermedades son más o menos leves, no son largas, volverán a dormir. Si me siento estresada por cómo está la casa, pienso que al menos tengo un techo sobre mi cabeza y en la seguridad y la comodidad que ofrece. Me mantiene sujeta a un sentimiento de gratitud, y esto me levanta el ánimo, de modo que puedo profundizar más y seguir adelante.

mecanismos de resolución de problemas

CÓMO GESTIONAR EL TIEMPO

▸ «Estoy muy ocupado» parece que es la frase de moda. Pruebe estas sencillas estrategias para gestionar su tiempo. Aquí no hay sorpresas, el tiempo es una entidad fija, pero la buena noticia es que tiene un gran poder sobre cómo lo concibe y lo administra.

1. Utilice estos cuatro puntos:

- Hágalo ya (es importante y es usted quien lo tiene que hacer).

- Aplácelo (tiene que hacerlo, pero puede esperar). Prográmelo para más tarde.

- Delegue (es importante, pero lo puede hacer otra persona). Concédase permiso para utilizar este punto.

- Descártelo (en realidad no hace falta hacerlo).

2. No menosprecie la lista de cosas pendientes

El simple hecho de escribirla ayuda a establecer lo que es importante y lo que es innecesario, y libera la energía mental para hacer las cosas.

3. Controle las distracciones

Céntrese en la tarea que le ocupa. Si le viene a la mente algo importante, anótelo.

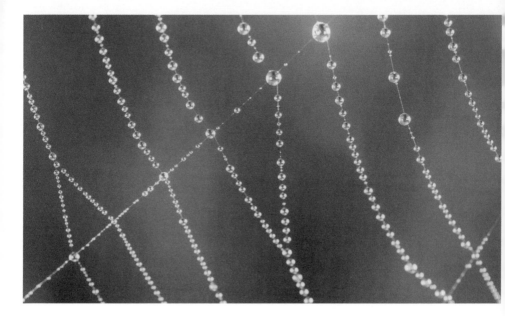

4. Administre su energía

Estar rodeado de tareas incompletas puede consumir la energía necesaria para ocuparse de las cosas importantes. Para mí, las cosas incompletas son como pinchazos en una manguera, que impiden que el flujo del agua vaya adonde yo quiero dirigirlo. Tenemos que tapar esos agujeros de asuntos sin terminar si queremos ser efectivos al ocuparnos de las cosas importantes. Identifique las cosas inacabadas, actúe sobre lo que puede completar y después saboree el momento de borrarlo de la lista. Cuando me siento atascada o tengo ganas de dejar las cosas para más tarde, me dedico a la cuestión más inspiradora de mi lista para que fluya la energía y después volver al tema más acuciante. Es importante saber cuándo ha llegado el momento de darse un descanso pese a la tentación de seguir; hay que pensar que tomarse un momento para reponerse puede mejorar la productividad y la efectividad.

5. Planifique el tiempo

Si es necesario, concierte una cita consigo mismo.
Solo haga la tarea que ha asignado para ese momento.

6. Acepte la imperfección

Intente identificar lo que es necesario hacer y otros asuntos de los que pueda prescindir. Reconozca que no hay que hacer todo a la perfección. ¿Es más importante hacer una cosa perfectamente, o es mejor tener todas sus tareas controladas, aunque sea con unos estándares un poco más bajos?

7. Evite una carga excesiva

Solo se dispone de un tiempo determinado, de modo que controle las obligaciones para evitar el estrés y sentirse abrumado. Cuando lo considere apropiado, recuerde que puede decir «no». Tenga cuidado de no convertirse en un adicto al «no parar». Hacer más no siempre significa ser más productivo.

8. No olvide priorizar

Reconozca cuándo le resulta difícil incluir todo en la semana, sobre todo si es usted el que siempre se salta cosas. Dígase a sí mismo: «Tengo todo el tiempo que necesito». Sienta el espacio que crea este mantra y relájese con él. Quizás le ayude a perfeccionar su idea de las cosas que verdaderamente hay que hacer.

pequeñas perlas ›

› Ponga un círculo alrededor de la tarea, el área de su vida o el período de tiempo, ya que le ayudará a sentir que la vida es más manejable.

› Estas herramientas están diseñadas para ayudarle a desmenuzar o reinterpretar los retos y así ofrecerle espacio para comportarse de forma diferente cuando está bajo presión, darle perspectiva a su pensamiento y ayudarle a procesar las emociones.

› Para evitar pensar en exceso, coma alimentos nutritivos, distráigase, anote lo que le preocupa, dígalo en voz alta o páselo a un plano más amplio.

› Conozca sus límites. Pregúntese: «¿Puedo hacer algo sobre este particular?». Si no tiene ninguna influencia sobre algo en concreto, no se preocupe, ya que ni la atención ni la acción supondrán ninguna diferencia. Ponga toda su energía y esfuerzo en algo que pueda controlar.

› *Mindfulness* (esté presente en cada momento y deje que sea como es). Pruebe el abecé: unas cuantas respiraciones profundas, no haga nada todavía. Sea consciente de lo que ocurre a su alrededor y en su interior. Decida cómo responder.

mecanismos de resolución de problemas

▸ Permítase sentirse como se siente. Dejar espacio para todos los sentimientos, incluidos los incómodos, es sanador. Desarrolle su agilidad emocional aprendiendo a etiquetar sus sentimientos y a darles voz.

▸ Gestione la presión del tiempo (hágalo, aplace, delegue, descarte). Anote lo que tiene que hacer, planifique el tiempo y ¡céntrese! ¿El hecho de simplemente hacer algo es mejor que hacerlo perfecto? Concédase permiso para decir ¡no! Repita: «Tengo todo el tiempo que necesito».

▸ Compasión (desarrolle la bondad y un sentimiento de humanidad compartida). Perfeccione sus habilidades mejorando la conversación consigo mismo: solo háblese a sí mismo como lo haría con su mejor amigo. Cálmese utilizando el mantra: «Estoy seguro, me quieren, me abrazan».

▸ Crecimiento postraumático (las crisis muchas veces producen un crecimiento personal y una transformación). Las siguientes preguntas quizás le hagan ver el lado bueno del sufrimiento: ¿a qué fortaleza personal tuvo que apelar?, ¿sus relaciones personales evolucionaron?, ¿se abrieron nuevas puertas?, ¿ha cambiado su apreciación por la vida?, ¿cómo cree que ha crecido?

mecanismos de resolución de problemas

YOGA PARA AYUDARLE A AFRONTAR MOMENTOS DE ESTRÉS, CAMBIO Y DOLOR

El saludo de rezo

Empiece por arrodillarse con las manos juntas a la altura del corazón en posición de rezo. Inspire y levante la columna, extienda los brazos sobre la cabeza y mire hacia arriba.

Espire y, con control, lleve las manos y la frente al suelo y apoye las nalgas en los talones en la pose del niño.

Inspire y póngase a cuatro patas en la posición del gato: la columna curvada, la barbilla hacia el pecho y el coxis hacia el suelo.

Espire y haga la postura del perro boca abajo, presione el pecho hacia las caderas, deje que la cabeza cuelgue y lleve los talones hacia el suelo.

Inspire, ponga las rodillas en el suelo y vuelva a curvar la espalda en la postura del gato.

Espire y apoye las nalgas en los talones y la frente en el suelo en la postura del niño.

Inspire, levante la columna y extienda los brazos hacia arriba con los hombros relajados y alejados de las orejas.

Espire y vuelva a arrodillarse sentado sobre los talones con las manos en posición de rezo a la altura del corazón.

Repita esta secuencia de tres a seis veces y sienta su efecto calmante.

cuatro

EL ENTORNO FÍSICO

▶ Cuando necesito sanar, recurro a la madre naturaleza; esta limpia las células y las fibras de mi cuerpo, y me ayuda a ver las cosas con objetividad. Valoro tanto lo que me ayuda estar en la naturaleza que, cuando puedo, hago con mis clientes una sesión de «paseo y charla» en lugar de permanecer sentados en la consulta. Estar en la naturaleza aumenta la creatividad y la capacidad de resolver problemas, y nos permite detenernos para encontrar más ecuanimidad. Pruebe a ir solo, con un amigo o con el perro, salga a dar un paseo por la naturaleza y verá qué impresionante puede ser. Fíjese en la belleza a su alrededor, no se enfrasque con el teléfono, la lista de cosas por hacer o las preocupaciones.

EL PODER SANADOR DE LA NATURALEZA

▸ Durante los primeros meses de vida de Charlotte, parecía
que la única forma en que podía dormir durante el día
era cuando la transportaba; utilizamos mucho la mochila,
el cochecito y el automóvil. Lo bueno de este movimiento
forzado era que me obligaba a salir de mis cuatro
paredes y disfrutaba de la belleza de la naturaleza.
En esa época yo vivía en la preciosa zona de Northern
Beaches, en Sídney. Aunque no podía correr yo sola
por la playa o darme mis baños meditativos en
el mar, podía empujar el cochecito y sentir cómo la brisa
marina me limpiaba. La majestuosidad de los acantilados
me ayudaba a canalizar una sensación de calmada
determinación y la incesante marea me resultaba
tranquilizadora: la vida sigue y yo también seguiré.

Los primeros meses de vida de Ted no fueron muy
diferentes, aunque nos encontrábamos inmersos en
un entorno del todo distinto. Disfrutaba explorando
en Reino Unido una naturaleza nueva para mí: colinas
ondulantes, praderas de flores silvestres, campos abiertos,
bosques y un castillo en ruinas. Los diferentes efectos
energéticos y el poder de la naturaleza a través
de las estaciones son fascinantes.

A esta actividad de autocuidado la denomino «terapia natural», y me encanta porque es gratis, fácilmente accesible y no requiere esfuerzo, aparte de fijarse en la naturaleza. Es evidente que hay entornos naturales más atractivos que otros, pero esté donde esté, podrá disfrutar de la belleza de la naturaleza a su alrededor. Tómese el tiempo para ser consciente de ella. Quizás pueda contemplar el cielo, el viento moviéndose entre los árboles o la naturaleza que llevamos a los interiores en forma de flor cortada.

Las investigaciones que muestran los beneficios terapéuticos de la naturaleza para la salud mental y el bienestar están bien documentadas[33]. Es bien conocido el trastorno afectivo estacional, que se refiere al impacto que el cambio estacional y la disponibilidad de luz natural tienen en nuestro bienestar. La terapia horticultural aprovecha el aspecto terapéutico de trabajar con la tierra, las plantas y el paisaje para fomentar el bienestar. Se utiliza en el tratamiento de la ansiedad, la depresión y la ira en veteranos con traumas. Estar al aire libre es una maravillosa actividad de autocuidado, tanto solo como en una experiencia compartida de vinculación emocional con los seres queridos. Dado el ritmo frenético de la vida moderna, estar en la naturaleza nos vuelve a conectar con la sencillez, la quietud y con una sensación de importancia[34].

Cómo aprovechar el poder terapéutico de la naturaleza

- **Propóngase estar en la naturaleza** de forma regular, sumerja todos sus sentidos en ella y saboree el placer que ofrece.

- **¡Salga al jardín!** No hace falta ser un jardinero experto para que la jardinería sea una experiencia muy gratificante. Fíjese en cómo las plantas están más altas y brillan más después de haberlas regado. Arranque las malas hierbas, quite las hojas secas con un rastrillo, arrodíllese en el suelo y observe quién vive en su jardín. Plante sus flores favoritas, cuídelas con cariño y observe cómo florecen. Si no tiene jardín, salga a dar un paseo y fíjese en las plantas que crecen en su vecindario y lleve la naturaleza a su casa.

- **Busque el sol** todos los días si es posible. Siéntese, note su calor, los rayos que su cuerpo absorbe. Imagine que está, literalmente, enchufado al sol. Encender una vela también puede ser un gesto simbólico. Obsérvela durante un rato y contemple la luz y lo que para usted significa.

- **Disfrute con el amanacer o el anochecer** cuando pueda. Obsérvelo con alguien a quien quiera y comparta la experiencia.

- **Observe el entorno a su alrededor** allá donde esté (mire por la ventana mientras va en el autobús, en el trabajo o cuando está preparando la cena). Fíjese en los pájaros que vuelan, en las flores, en las hojas que cambian de color, en las ardillas que buscan frutos secos, o disfrute acariciando a su mascota. Sienta cómo se llena de energía.

- **Ponga en su entorno** más naturaleza: conchas, restos de madera que aparecen en la playa, piñas, cristales, piedras, flores, plantas, imágenes. Inclúyalos en el diseño interior de su hogar. Contémplelos y advierta cómo le levantan el ánimo.

TRABAJAR CON SU ENTORNO INTERIOR

▸ El entorno en el que está inmerso en casa, en el trabajo y todas las transiciones entre esos dos lugares tienen un efecto tangible en su bienestar. Nuestra respuesta individual a ese entorno puede diferir: algunas personas se sienten bien entre el desorden; para otras, una casa ordenada es literalmente esencial para tener una «mente ordenada». Todos tenemos nuestro «umbral para el caos». Tómese el tiempo necesario para saber si su entorno le afecta o le ayuda con respecto a su claridad mental y su vitalidad. Incluso aunque piense que un entorno caótico no le molesta, fíjese en cómo el hecho de ordenar las cosas puede hacerle liberar una enorme cantidad de energía.

Observe bien el espacio que le rodea. Busque todos los aspectos de su entorno que le ayudan a cargar energía y que le inspiran, y saboree el disfrute que aportan. Por otro lado, intente identificar las cosas de su entorno que le puedan afectar, y trate, si es posible, de hacer algo al respecto: ¿puede lograr más armonía, orden o algo que le dé más energía?

MANERAS SENCILLAS PARA QUE EL ENTORNO EN CASA Y EN EL TRABAJO LE APORTE ENERGÍA POSITIVA

▸ Según Marie Kondo, la reina del orden, «tener orden en tu casa es la magia que crea una vida feliz y radiante»[35]. Su enfoque, guiado por el espíritu de solo conservar las cosas que nos proporcionan alegría, es muy acertado. Piense en los lugares donde pasa una parte considerable del tiempo. ¿Cómo puede hacer que ese espacio sea más bonito? Puede ser algo tan sencillo como tener un preciado recuerdo o una imagen que poder mirar y sentirse animado.

Puede decorar su entorno de trabajo con cosas sencillas que fomenten una sensación de armonía. Si permanece durante mucho tiempo en una mesa de trabajo, asegúrese de que la silla sea cómoda y de que el ordenador esté colocado de forma que le permita relajar el cuello y los hombros. Ponga una fotografía en el escritorio o una imagen en el salvapantallas; para beber, utilice un vaso que le guste y escoja artículos de papelería que le resulten bonitos. Incluso el placer de un lápiz muy afilado me afila el pensamiento.

Si tiene la suerte de tener mucho espacio a su alrededor, quizás pueda dedicar un rincón a la relajación.
Pocas personas tienen la posibilidad de dedicar una habitación entera, pero tal vez haya una silla que pueda convertirse en su lugar de bienestar. ¿Tiene una vista bonita desde su casa? Pues ese puede ser su lugar para tomarse un momento y ser consciente de su respiración y, al hacerlo, recargar las pilas y disipar la tensión.

Puede crear un espacio para relajarse en cualquier lugar de la casa, solo tiene que decidir dónde y preparar el escenario. Cuando me siento a escribir, el único sitio que me resulta cómodo es la mesa del comedor; primero la preparo, la limpio y enciendo una vela aromática. Estas sencillas acciones disipan que ese mismo espacio se emplee para las comidas familiares o para los deberes de mi hija, y preparan el terreno para mi actividad.

Quiera a su casa y ella le querrá a usted. Límpiela y cuídela con cariño; ordénela; limpie los cristales para que brillen y pueda entrar la luz a raudales. Cuando me doy cuenta de que limpiar mi casa facilita la armonía y la calma, el hecho de hacerlo deja de ser una pesadez para convertirse en una actividad de autocuidado, especialmente cuando me acuerdo de que también me ayuda a mantenerme en forma. Yo incluso hablo con mi casa. Le doy gracias por ser un refugio seguro y ayudarme a estar bien. Todas las noches doy las gracias por el cálido abrazo de mi cama. Esta relación con mis posesiones puede parecer extraña, pero a mí me crea una sensación de pertenencia que me ayuda y que evoca un sentimiento de agradecimiento que transforma hasta los días más duros.

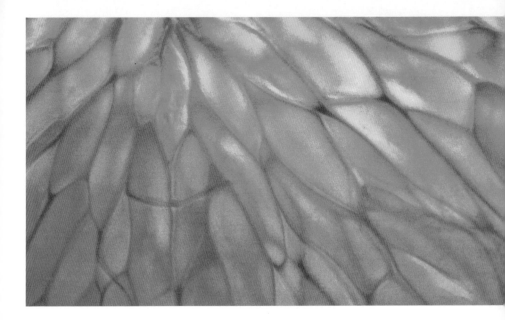

CUIDE LA PIEL EN LA QUE VIVE

▸ Olvide la idea de la vanidad y arréglese por salud.
Deje que ese cuidado sea una afirmación de su
autoestima y observe cómo cuidar su cuerpo la fomenta
y aumenta su bienestar. No hay nada egoísta en ello,
simplemente cuide de su cuerpo y aprecie los beneficios.
Pueden ser cosas como disfrutar de un masaje,
hacerse la pedicura o ir a la peluquería a cortarse
el pelo. La forma en que me gusta poner en práctica
este tipo de autocuidado es buscar rituales diarios
que pueda imbuir con la idea de nutrirme. De este modo
no hay necesidad de pedir una cita en otro sitio ni pagar
por el servicio.

RITUALES PARA ALIMENTAR LA MENTE Y EL CUERPO

- **Cuando se levante por la mañana,** piense en algo que tenga ganas de hacer durante el día y deje que su mente se anticipe a ello con unas cuantas respiraciones. Cuando ponga los pies en el suelo al levantarse de la cama, dé gracias por poder disfrutar de otro día, al margen de lo que le depare.

- **Mientras se prepara para empezar el día,** escoja un conjunto con el que se sienta bien —se tiene que vestir, así que por qué no llevar prendas que le levanten el ánimo—. Elimine de su armario las que tengan el efecto contrario.

- **Utilice una crema hidratante** para el cuerpo cuyo aroma le guste, y tómese el tiempo necesario para aplicársela dándose un buen mansaje en las extremidades. Note cómo se siente su cuerpo y cultive la gratitud por la capacidad física del cuerpo.

- **Un poco de su perfume** o de ambientador realzará su postura y le animará a hacer varias respiraciones profundas en los momentos en que necesite algo que le levante el ánimo.

- **Escoja un jabón de manos que le guste,** para que cada viaje al baño sea una oportunidad para fomentar su bienestar. Tómese tiempo para disfrutar de su fragancia.

- **Cuando regrese a casa,** quítese los zapatos y deje el día atrás. A mí me gusta cambiarme y ponerme ropa cómoda para estar por casa, pero no son prendas que he descartado de mi armario porque ya no me gusta cómo me quedan, sino ropa que he escogido específicamente por su comodidad y que me hacen sentir bien.

pequeñas perlas ›

▸ Su entorno en casa, en el trabajo y en los lugares de transición entre los anteriores también influye en su bienestar. Busque formas de conseguir más paz, orden y armonía en su entorno creando un punto focal con algo que para usted sea valioso. Pose la vista allí para recargar energía.

▸ Invierta tiempo en apreciar la naturaleza y sienta cómo le ayuda a animarse. Salga a dar un paseo, contemple cómo pasan las nubes cuando vaya a trabajar o toque la tierra con las manos en el jardín.

▸ La naturaleza tiene un efecto terapéutico muy poderoso, tanto si está al aire libre como si lleva su belleza al interior.

▸ Quiera a su espacio y él le querrá a usted. Cuanto más cuide su entorno, más le aportará. Limpie y ordene para liberar su energía.

▸ Nutra su piel con tratamientos que le ayuden a liberar estrés, dolor y tensión. Para que esto sea todavía más accesible, realice actividades cotidianas con la intención de nutrirse a sí mismo. Incluso el sencillo acto de bañarse, vestirse y llegar a casa se pueden convertir en un ritual de autocuidado muy eficaz.

▸ Cree un espacio para relajarse mediante fragancias y puntos visuales.

notas para mí ▸

YOGA PARA APROVECHAR EL PODER DE LA NATURALEZA

Esta secuencia de posturas se puede hacer al aire libre mientras da un paseo con un calzado cómodo, o en el interior para canalizar la energía de la naturaleza.

El árbol

Póngase de pie con los pies paralelos separados la anchura de la cadera. Ponga el pulgar del pie derecho en el empeine del pie izquierdo, o coloque la planta del pie derecho en la cara interna de la pantorrilla izquierda o del muslo izquierdo. Estire completamente la pierna izquierda, curve el coxis y saque la rodilla derecha hacia fuera formando un ángulo con el suelo. Mantenga la cadera y el pecho rectos. Extienda los brazos hacia arriba formando una uve. Respire poco a poco, levante la cabeza mientras envía raíces hacia el pie en el que se apoya (¡el sentido del humor es esencial!). Mantenga la postura de cinco a quince respiraciones y repítala con el otro lado.

Arquear la columna

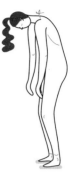

Póngase de pie con los pies separados la anchura
de la cadera y las manos en los muslos. Deje caer
la cabeza y lleve la barbilla hacia el pecho. Note
cómo los brazos cuelgan como los de una muñeca
de trapo y curve la espalda hacia delante con las
rodillas flexionadas. Estire la columna vertebral desde
los dos extremos y sienta cómo el coxis y la cabeza
descienden hacia el suelo. Mantenga esta postura de
cinco a diez respiraciones y, poco a poco, empiece
a subir vértebra a vértebra, volviendo a la postura
inicial, desde la pelvis hasta los hombros, el cuello
y, por último, la cabeza. Repita varias veces y advierta
cómo cada vez al subir parece que crece.

Respiración de la montaña

Póngase de pie con los pies separados la anchura
de la cadera y los brazos a los lados. Inspire y
extienda los brazos hacia delante y hacia arriba
y levante la vista hacia los pulgares. Espire, baje
los brazos y mire hacia delante. Sienta la plenitud
de su respiración y disfrute del hecho de sentir
cómo crece con cada respiración.

cinco

▸ Al trasladarme, cuando estaba embarazada, de una ciudad en un extremo del planeta a otra en el otro extremo, donde no conocía a nadie, necesitaba construir lo más rápido posible una red de apoyo saludable. Advierta que este capítulo trata de «nexos» en general y no solo de relaciones. La experiencia de empezar de cero en un lugar nuevo me enseñó cómo puede alimentar el alma el nexo fortuito con extraños. Mientras me hallaba en el proceso de conocer a gente y hacer amigos, lo que me ayudaba a seguir era la alegre interacción con la encantadora señora que me hacía el café todas las mañanas, con la dependienta de la tienda de ultramarinos y con los padres que me encontraba en los columpios. De no ser por ellos, hubiese sido una época muy solitaria, y pese a que echaba de menos la presencia de un amigo, notaba la sensación de conexión y de pertenencia al compartir una experiencia con una persona que acababa de conocer.

Así que esté al tanto de estas oportunidades para conectar y no tenga miedo de ser vulnerable. Lo que me sorprendió fue la amabilidad de todas estas personas y su cálida acogida cuando les explicaba que acababa de llegar a la ciudad. Incluso ahora que ya tengo buenas amistades que me apoyan, todavía disfruto de la sensación de pertenencia que se crea hablando y compartiendo con las personas con las que me encuentro casualmente durante el día. Busque maneras apropiadas para sentirse conectado durante el día.

NEXOS SOCIALES Y BIENESTAR

▶ No se puede negar el profundo efecto que los nexos sociales o su ausencia tienen en nuestro bienestar. Los seres humanos tenemos la necesidad básica de pertenencia (debido a un instinto biológico evolutivo). Las relaciones nos ayudan en tiempos de crisis y nos hacen estar más contentos en épocas de bonanza. Al conectar con otras personas, experimentamos amor, comodidad y aceptación, lo que da más significado y propósito a nuestras vidas. Los nexos ponen en funcionamiento una espiral vertical de positividad: cuanto más tiempo, energía y esfuerzo dediquemos a establecer nexos más positivos, más emociones positivas experimentaremos. Invertir en conexiones sociales es una de las estrategias de autocuidado más eficaces para fomentar nuestro bienestar.

NEXOS SOCIALES EN MOMENTOS DE CRISIS

▶ Si vive una época estresante, puede resultarle difícil
mantener las relaciones como hace habitualmente.
A veces, estar en compañía de otras personas,
o de algunas en particular, puede resultar agotador.
Concédase permiso para hacer lo que necesite en ese
momento. Quizás vea más a unas personas y menos
a otras. Tal vez decida pasar el tiempo con gente realizando
diferentes actividades. Si usted, como yo, tiene tendencia
a aislarse cuando está deprimido, recuerde el valor
de las relaciones y acérquese a la gente de la forma
que le resulte accesible. Si le ofrecen ayuda, dese permiso
para determinar de qué manera le ayudan.

FORMAS DE CREAR NEXOS PARA FOMENTAR LAS RELACIONES

SINTONICE CON OTRAS PERSONAS

▶ Esta es precisamente la habilidad que necesitamos para aprovechar al máximo estas oportunidades fortuitas de conectar. Sea consciente de las personas con las que tiene contacto durante el día y aproveche esa oportunidad de conectar. Establezca contacto visual, escúchelas, demuestre interés por lo que dicen y hágales preguntas. Solo siendo consciente de la calidad de la atención que presta a los demás, creará una mayor sensación de cercanía[36].

¡CELEBRE LO BUENO!

Se trata de mostrar un genuino placer cuando las otras personas tienen suerte. La forma en que reaccionemos cuando la gente comparte sus buenas noticias con nosotros puede establecer un nexo o socavarlo[37]. Con una reacción activa y constructiva demostramos un verdadero interés; busque más información sobre lo que ha ocurrido haciendo preguntas; anime a la otra persona a revivir el acontecimiento con usted y dígale que comparte su alegría si en realidad lo siente así. En el otro extremo se encuentran las respuestas «pasivo-destructivas» y «activo-destructivas», en las

nexos sociales

que, respectivamente, se ignoran las buenas noticias o la respuesta es crítica o desdeñosa. Si una respuesta activa y constructiva no surge de forma natural, recuerde que es una habilidad que se puede practicar. Sea consciente de cómo la gente le responde a medida que mejora esta habilidad en particular; lo más probable es que les caiga mejor y que quieran estar en su compañía más a menudo; tal vez también notará que mejora su energía, su autoestima y la confianza en sí mismo.

DEMUESTRE QUE LE IMPORTA

▸ Una manera de empezar a desarrollar la capacidad de preocuparse por los demás es observar la proporción de afirmaciones positivas con respecto a las negativas. Es importante para la salud de sus relaciones equilibrar las expresiones de gratitud y afecto con la crítica. Cuando comenzamos a prestar atención al tono de nuestro diálogo regular, muchas personas se asombran de la proporción positivo-negativo. Las investigaciones demuestran que para mantener una relación se necesitan como mínimo tres afirmaciones positivas por cada crítica y, si quiere que su relación florezca, su objetivo tiene que ser una proporción de 5:1[38]. No obstante, hay un punto de rendimientos decrecientes: pase de 13:1 y perderá la credibilidad. Los elogios o las reacciones positivas tienen que ser genuinos para que la proporción se mantenga. Empiece por ser consciente de lo que dice, e intente conseguir que la proporción sea equilibrada. Yo también intento contrarrestar los pensamientos negativos, porque aunque esos sentimientos no se verbalicen, se filtran de otras formas. Trate de comportarse con más amabilidad

- y centrarse en las cosas positivas de sus seres amados más que en sus debilidades.

- Busque las oportunidades de ser afectuoso y reconozca la amabilidad cuando la reciba. Muchos momentos tensos pueden ser transformados por un acto amable o por un ademán cariñoso. La forma en que nos comunicamos influye muchísimo en cómo se entiende esa información. No es solo el tono de lo que se dice, son las palabras que escogemos. Intente utilizar afirmaciones con «yo», que dejen clara su posición o sus sentimientos, en lugar de afirmaciones con «tú», que acusan a la otra persona. Ayuda referirse a situaciones o comportamientos específicos en lugar de exagerar o generalizar diciendo «siempre» o «nunca». Cuando escuchamos, podemos comunicar atención y amabilidad guardando silencio, manteniendo contacto visual y asimilando lo que se dice sin interrumpir. Las preguntas que haga después de haber escuchado también demuestran interés; por ejemplo, reflexionando sobre lo que ha oído y preguntando si lo ha entendido bien. También puede preguntar si quiere decir algo más o si puede hacer algo al respecto. La comunicación no significa siempre resolver problemas; a veces lo único que se desea es ser escuchado.

Cuando me encuentro en medio de un conflicto, utilizo el siguiente mantra: «No intentes ser LA persona importante, sé UNA persona importante». Esto me ayuda a darle menos importancia a mi ego, a reducir la sensación de oposición y a recordar el tipo de persona que aspiro ser. Incluso contar hasta diez antes de contestar puede disipar esas hormonas de estrés, y recuerde que siempre es mejor una solución que tener razón.

PRIORICE SUS RELACIONES

▶ Incluso aunque tenga su tiempo ocupado, intente relacionarse. Quizás la forma en que se relacione cambie durante ese período de tiempo, pero haga un esfuerzo para mantenerse al día. Encuentre tiempo para hablar y escuchar regularmente. Podemos conectar con nuestros amigos y seres queridos mediante las pequeñas cosas cotidianas, y también con rituales, sueños y objetivos compartidos. Estas son las cosas que nos unen y que ayudan a crear un sentimiento de pertenencia.

Me gusta enviarle a mi madre, que vive en Australia, una foto de un momento del día, acompañada de un breve mensaje para compartir esa experiencia con ella; no me lleva mucho tiempo, pero mientras lo hago, me siento más cerca de ella.

nexos sociales

146

Otra de las cosas que me gusta hacer es compartir
una «cena de gratitud» con la familia y los amigos.
Es la ocasión en la que nos reunimos con la expresa
intención de compartir el cariño y la apreciación, celebrar
los éxitos y en la que, de manera deliberada, decidimos
no hablar de problemas y de tensiones. Para hacer este tipo
de cena hay que asegurarse de que todos estén de buen
humor y dispuestos a comprometerse, ya que de otro modo
no funcionaría.

¡TODOS NECESITAMOS UN EQUIPO!

▶ Me gusta pensar que tengo a todo un equipo de personas
a mi lado. ¿A quién tiene a su lado? Merece la pena
reflexionar sobre esta cuestión y escribir sobre ella.
¿Con quién comparte el viaje y quiénes son las personas
o los profesionales que le ayudan a superar una crisis?
Mientras piensa, le diré quiénes están a mi lado: la persona
con la que salgo a caminar, los compañeros de yoga,
un oído amable, un amigo de *mindfulness*, mi osteópata,
mi mentor en orientación y psicología, mi esteticista, mi
peluquera, los amigos con los que quedo para tomar
un café, padres de los columpios, un amigo con muchas
ideas que a veces hace de abogado del diablo y un grupo
de animadores —en los medios sociales y en la vida real
(los dos tienen su valor)—. Este es mi equipo de ángeles:
personas que me miman y me ayudan, que me mantienen
en mi camino, que me animan cuando decaigo, que me
inspiran, que me retan y que celebran conmigo mis triunfos.

Cuando necesito un empujón, miro mi lista y todos los nombres están ahí para poder consultarlos con facilidad. Así puedo actuar con más rapidez, puedo decidir mejor a quién acudir: los miembros de mi equipo tienen diferentes puntos fuertes, de modo que decido ponerme en contacto con la persona que más me puede ayudar en esa situación concreta. También puedo echar un vistazo a la lista para ver con qué personas no he hablado desde hace tiempo y hacer el esfuerzo de contactar con ellas. Ponga a sus ángeles en marcado rápido, comparta con ellos los buenos tiempos y recurra a ellos cuando vengan malos momentos. Disfrute también de estar en el equipo de ellos.

Por mi experiencia, todas estas estrategias suelen ser cuestiones de sentido común, y las ponemos en práctica de forma natural cuando nos sentimos llenos de energía y la vida fluye suave y fácilmente. Sin embargo, cuando las cosas se tuercen, estas habilidades pueden perderse en el caos y podemos distanciarnos cuando más necesitamos el apoyo y el cariño de las relaciones más cercanas. Cuando nos encontramos en esta situación, recurrir a estas técnicas puede ayudarnos a encontrar el camino de regreso a una fructífera manera de relacionarnos con nuestros seres queridos y a fomentar una posterior curación.

Me gusta pensar que
tengo a todo un equipo
de personas a mi lado.
¿A quién tiene a su lado?

pequeñas perlas ›

› Relacionarse con otras personas es muy saludable, tanto si son amigos como si son desconocidos. Proporciona una sensación de experiencia compartida, de humanidad y de pertenencia, y eso alimenta el alma.

› Desarrollar su habilidad para relacionarse y fomentar el carácter positivo de sus relaciones son dos actividades de autocuidado muy importantes.

› Celebre los triunfos y fomente la salud de sus relaciones. Cuando un ser querido comparta una buena noticia con usted, préstele atención y dígale que reviva el acontecimiento con usted para poder disfrutar de él juntos.

› Reste importancia a un conflicto repitiendo el mantra: «No seas LA persona importante, sé UNA persona importante». Las relaciones proporcionan un terreno fértil para el crecimiento y la evolución personal una vez que logramos alejar a nuestro ego.

nexos sociales

▸ Conecte con la gente sintonizando con ella. Trabaje en su capacidad de escuchar: establezca contacto visual y muestre interés haciendo preguntas.

▸ ¿A quién tiene a su lado? Dedique unos instantes a reflexionar sobre las personas especiales en su vida, anótelas y piense en el papel que desempeñan en su vida y usted en la de ellas. Acuda a ellas cuando necesite apoyo y disfrute cuando les ofrezca el suyo.

▸ Demuestre que se preocupa haciendo que la proporción de afirmaciones positivas con respecto a las negativas sea de 5:1. Suavice su lenguaje refiriéndose a cómo se siente y a acontecimientos específicos en lugar de criticar el carácter de la otra persona con afirmaciones «tú» o generalizando. Aprenda a escuchar: preste atención, haga preguntas y pregunte lo que la otra persona necesita.

▸ Dé a sus relaciones una prioridad genuina, busque tiempo para ellas e intente estar al día.

YOGA PARA APROVECHAR EL PODER DE LAS RELACIONES

Saludo al sol circular

Póngase de pie con los pies separados la anchura de la cadera y las manos en los muslos. Inspire y lleve los brazos hacia delante y hacia arriba, y levante la mirada. Espire y baje los brazos por el centro del cuerpo en posición de oración, flexione las caderas hacia delante y ponga las puntas de los dedos en el suelo. Inspire y, con la rodillas relajadas, balancee los brazos en círculo hacia la derecha hasta ponerse totalmente derecho. Espire y continúe el círculo abajo, al suelo. Inspire y cambie de dirección, trazando el círculo a la izquierda. Espire y vuelva al centro con la punta de los dedos en el suelo. Inspire e incorpórese, lleve las manos a la línea central del cuerpo y levántelas por encima de la cabeza. Espire, separe las manos y póngalas a ambos lados del cuerpo, mientras disfruta de un estiramiento de pecho.

Postura dinámica del guerrero

Póngase de pie en la parte posterior de la esterilla con los pies separados la anchura de la cadera. Dé un paso grande hacia delante con el pie derecho. Flexione la rodilla derecha y estire la pierna izquierda. Lleve las manos al corazón en una *mudra* de oración. Al inspirar, estire bien los brazos a ambos lados. Al espirar, vuelva a unir sus manos. Con la siguiente respiración, levante los brazos por encima de la cabeza formando una uve y mire hacia arriba. Al espirar, vuelva a poner las manos a la altura del corazón y mire hacia delante. Repita los movimientos de los brazos de tres a seis veces antes de cambiar de pierna.

Postura dinámica del caballo con la *mudra* del loto

Póngase de pie con los pies bien separados, apuntando hacia delante y formando un ángulo de 45º. Para formar los pétalos del loto, una las muñecas, los pulgares y los meñiques, y separe bien los dedos. Para formar las raíces del loto, una las puntas de los dedos, curve los dedos hacia las palmas y junte los dorsos de las manos estirando los dedos ahora hacia la cara interna de los brazos. Al inspirar, estire las piernas y levante las manos en la *mudra* del loto, y mire hacia arriba, hacia las manos. Al espirar, forme las raíces del loto, flexione bien las rodillas, póngase en cuclillas y mire hacia delante. Repita este movimiento de seis a diez veces, sienta la fuerza de sus piernas y concéntrese en la *mudra* y en cómo le ayuda a sentirse conectado.

Termine con unas rotaciones de hombros. Al inspirar, levante los hombros hacia las orejas. Al respirar, rote los hombros hacia atrás y hacia abajo. Repita cinco veces con los brazos, los ojos y la mandíbula relajados.

seis

MECANISMOS PARA MEJORAR EL ESTADO DE ÁNIMO

▶ Lo que vemos tiene un impacto potencial enorme en nuestro humor. Cometí el error de visionar la serie *Días de nuestra vida* cuando la pequeña Charlotte dormía, y puedo decirle que si no está deprimido antes de verla, lo más probable es que después sí lo esté. Esta senda de la rueda de la vitalidad trata de levantar el ánimo de maneras sencillas. Me encanta esta senda porque incluye muchas de las actividades y habilidades que en realidad no llevan mucho tiempo. Algunas no requieren tiempo extra porque nos enseñan a aprovechar la mente de forma más constructiva (pensamos, vemos y percibimos todo el tiempo, de modo que ¡mejor poner el cerebro de esta parte!).

Cuando decida embarcarse en este radio de la rueda de la vitalidad, le resultará de ayuda recordar el concepto del banco de energía. Piense en lo que ha hecho durante el día y observe las cosas que de forma natural le cargan de energía (intente hacerlas más). Observe también las que suelen agotarle. Algunas de ellas son inevitables y, en ese caso, utilizamos el autocuidado para compensar el déficit. No obstante, quizás haya algunas cosas que pueda minimizar o evitar (concédase permiso para tomar esas decisiones y vigile su saldo de energía).

ACTIVIDADES QUE AYUDAN A MEJORAR EL ESTADO DE ÁNIMO

Música

Escuche el tipo de música que le ayude a levantar el ánimo; realice, a la vez, una actividad que no le guste mucho, o algo que le resulte estresante, y puede que la música le haga cambiar de opinión. Me gusta escuchar pop alegre mientras ayudo a los niños a prepararse para el colegio, y no hay duda de que la música clásica me ayuda cuando hay mucho tráfico o si llego tarde. Si le gusta, cante o recupere ese instrumento que tiene abandonado.

Ropa

Póngase sus prendas favoritas o lleve un color que le levante el ánimo. Quizás sea suficiente con un pintalabios de un color que le encante. Yo tengo un collar que era de mi abuela, y cuando lo llevo me da la sensación de cercanía, y por esa razón es uno de mis collares preferidos. Vístase conscientemente e imbuya esa acción con un sentimiento de amor.

Fragancias

Me encanta utilizar perfume, ambientadores y velas, y, para mí, asociar una fragancia a una intención es algo muy importante. Enciendo una vela aromática que escojo con mucho cuidado mientras Ted hace la siesta, y lo asocio a cómo voy a utilizar ese valioso tiempo. Disfrute explorando cómo diferentes fragancias pueden fomentar distintos estados de ánimo.

Risa

Visione una película, un espectáculo o un vídeo gracioso, o haga algo que le anime o le haga reír. Ponga una risa en su día. ¡Y no subestime el poder de los vídeos de Youtube!

Jugar

Las aficiones son una forma magnífica de ocupar la mente
y de mejorar el ánimo. Rompecabezas, juegos de lógica,
de cartas o de mesa (hoy en día hay algunos fantásticos).
Si es aficionado a los pájaros le gustará el bingo de aves
tanto como a mi familia. O simplemente tírese al suelo
para jugar con su perro o con los niños.

Desarrolle la mente

Aprenda una nueva habilidad, pruebe un deporte
nuevo, prepare un plato que no haya elaborado
o simplemente pruebe algo que no haya comido
nunca. ¿Qué le interesa? Explore el mundo y sumerja
sus sentidos en lo que le impresiona. Tenemos muchos
recursos fantásticos al alcance de la mano. A mí
me encanta sentarme y escuchar un buen *podcast*
o alguna charla TED.

Creatividad

Hay un gran número de trabajos manuales que ayudan
a que fluya la alegría. Hay muchos libros de colorear
para adultos; también puede probar a hacer origami
o simplemente coja un lápiz y póngase a dibujar.
Si lo prefiere, puede ir a ver obras de arte.

Belleza

Busque cualquier cosa, natural o artificial, que
le impresione, y sienta cómo le levanta el ánimo.
Encontrará cosas bellas que apreciar en cualquier
sitio; si no es así, cierre los ojos y use el poder
de la imaginación.

¡Mire hacia arriba!

El simple hecho de mirar hacia arriba cambia la forma en que nos sentimos. El psicólogo Erik Peper ha realizado unas fascinantes investigaciones sobre la relación entre la postura de nuestro cuerpo y la forma en que nos sentimos[39]. Se ha demostrado que la manera en que nos sentamos, en que estamos de pie, nuestra postura en general tiene un poderoso impacto en el humor y el nivel de energía. Las investigaciones de Peper muestran que estar encorvado o dejarse caer reduce nuestros niveles subjetivos de energía, empeora el ánimo, fomenta los recuerdos negativos y el llanto. Sin embargo, tener la espalda recta y el pecho abierto levanta el ánimo, fomenta la sensación de vitalidad y los recuerdos positivos. De hecho, esta postura erguida y abierta puede dificultar recordar acontecimientos negativos y que resulte más difícil llorar. Observe su postura y compruebe si afecta a la manera en que se siente. Pruebe la secuencia de yoga que se explica al final de este capítulo (*véanse* págs. 170-171). ¿Todavía no está convencido? Busque en Google Amy Cuddy y su inspiradora charla TED sobre «posturas de poder».

Busque cualquier
cosa, natural o artificial,
que le impresione y
sienta cómo le levanta
el ánimo.

MECANISMOS PARA MEJORAR EL ÁNIMO

SABOREAR

▶ Este es uno de mis mecanismos preferidos para mejorar el ánimo. Perfeccione el arte de saborear y podrá acceder de manera instantánea a la positividad. Saborear podría describirse como pensamientos o acciones que crean, amplían y mantienen el placer. Es cuando se percibe una experiencia placentera, se le presta toda la atención y uno se sumerge en todas las cosas agradables que tiene, las sientes de la manera más intensa posible y dejas que la experiencia dure lo máximo que puedas.

Al saborear se dan diferentes componentes: pasado, presente y futuro. Puede saborear el pasado al recordar con un amigo un recuerdo feliz. Puede saborear el presente sumergiéndose en el placer que tiene en ese momento a mano, como una buena taza de café, y disfrutar de la temperatura, del sabor y del aroma. Puede saborear el futuro anticipando y visualizando con alegría lo que le depara, como esas esperadas vacaciones veraniegas. Cultive la fantástica habilidad de saborear y no deje escapar ni un momento de alegría.

GRATITUD

▸ La gratitud es el otro gran alquimista del ánimo.
Aprenda a cultivar esta actitud de agradecer
y su experiencia de la vida se verá transformada.
Es un sentimiento que consiste en dar las gracias
por lo que tenemos o simplemente una sensación
de aprecio y de asombro. Está muy relacionada
con saborear, y los pensamientos de agradecimiento
pueden ayudar a saborear las experiencias positivas
de la vida. La gratitud se puede considerar el antídoto de
emociones como los celos, la preocupación y la irritación,
y es mucho más amplia y más poderosa que solo decir
«gracias». La práctica de la gratitud se centra en el
momento presente, en apreciar la vida o este momento
tal y como es y por lo que es así.

Mi manera preferida de cultivar esta habilidad es dar
lo que yo llamo un «paseo de gratitud» cuando sales
a la calle con la única intención de tener en cuenta
las cosas buenas. No deje que su mente se centre en
preocupaciones o en aquellas personas que considera
que tienen más que usted. Si no lo puede evitar, intente
buscar la parte positiva y reconocer que hay otros que
no son tan afortunados como usted. Piense en todas las
cosas que en este momento hay en su vida y por las que
se siente agradecido; reflexione sobre las pequeñas cosas
del día que han ido bien; piense en los acontecimientos de
su vida que le han abierto puertas; en la forma en que está
creciendo, y cultive un profundo sentimiento de gratitud
por lo que es, por lo que ha sido y por lo que será.
También puede realizar este ejercicio en el interior
y sentado; de hecho, se puede hacer en cualquier
lugar y en cualquier momento.

También existen otros métodos para perfeccionar esta habilidad. Otra opción es escribir una carta o hacer una llamada telefónica de agradecimiento. Expresar gratitud cara a cara, en una carta o por teléfono puede tener mucha fuerza. Piense en alguien con quien tenga una deuda de gratitud y exprese en términos concretos de qué está agradecido. Explique con detalle lo que hicieron por usted y cómo eso ha enriquecido su vida. También es una buena práctica contrarrestar los pensamientos ingratos o menospreciados —simplemente reconózcalos cuando surjan y, de manera consciente, contrarréstelos con pensamientos más amables, de más gratitud o intente ver la situación de forma diferente, desde una perspectiva más benevolente.

PRUEBE UN POCO DE AMABILIDAD

▶ La amabilidad necesita poca introducción. Todos sabemos lo que es. Lo que merece la pena señalar es que ser amable puede llenar de energía, levantar el ánimo y forjar relaciones fuertes y positivas entre las personas. La amabilidad pone en funcionamiento esa espiral ascendente de alegría. De modo que la próxima vez que necesite un pequeño empuje para mejorar su ánimo, piense menos en lo que otros pueden hacer por usted y más en cómo puede usted ayudar a otros.

¿Hay alguien que necesite hoy su ayuda? ¿Cómo puede contribuir? ¿Puede suavizar su interpretación del comportamiento de otra persona? En mi opinión, el mantra «las personas heridas hieren a los demás» me ayuda a cultivar la amabilidad cuando tengo que tratar con seres queridos irritables o difíciles. Intento recordar que tengo que ser cariñosa con ellos incluso en sus momentos menos adorables.

Mostrar amabilidad puede ser algo tan sencillo como una sonrisa, aceptar lo que otro prefiere hacer, ser muy educado en la carretera o estar muy atento a la historia que le cuenta su hijo adolescente. Rétese a hacer cosas que no le salen de forma natural y sienta que es una oportunidad para crecer. Haga algo bueno por alguien sin esperar nada a cambio; sienta cómo le reconforta. ¡Extienda esa amabilidad a usted también! ¿Conoce a su crítico interior? Pues ha llegado la hora de hacer las paces.

APRENDA QUE USTED ES SUFICIENTE

¿Le suenan algunas de estas afirmaciones?

• No soy suficientemente bueno.

• No sé lo suficiente.

• No soy suficientemente fuerte.

Y la lista sigue... ¿Cuál es la afirmación que le ronda por la cabeza? Todos tenemos al menos una. Una desagradable cantinela que se repite. Por si se lo está preguntando, la mía es «no sé lo suficiente».

Lo que he aprendido es que no necesariamente tengo que silenciar estas afirmaciones; puedo hacer las paces con ellas. Algo así como «siente el miedo, pero hazlo de todos modos». Voy a ir directa al grano en todas ellas. Quiero compartir algunas de estas reflexiones con usted con la esperanza de que le sirvan para reducir la fuerza de su frase particular.

Esto es lo que quiero que sepa, no solo de manera intelectual, sino también celular —me refiero a que quiero que penetre en todas las células y en toda la fibra de su ser—. Deseo que se siente con estas palabras, que las beba, que las repita en su interior o en voz alta, si lo prefiere, y que deje que se filtren de verdad:

- Usted ya es suficiente.

- Usted ya está entero.

- Usted ya es perfecto.

- Todo ser viviente está entero, es perfecto y completo (le fue dado libremente con su milagrosa creación).

- No hay hueco que llenar, nada que arreglar, nada por hacer.

Solo hay que recordar lo que hemos olvidado, lo que hemos negado o lo que nos han dicho de otra forma. He aprendido esto gracias a mi viaje de curación, pero también trabajando con muchísimas personas en su viaje hacia el bienestar. Esta idea de que de algún modo no somos suficiente es un eco constante con mis clientes, tanto jóvenes como mayores. Golpea el corazón hasta de las personas más brillantes. Puede seguir corroyéndole hasta que aprenda a aceptar de verdad los sentimientos enunciados. No hay título universitario, no hay carrera, no hay grado, no hay logro personal que haga desaparecer esa duda o llene ese hueco...

lo único que hay que entender es que, en realidad,
no hay ningún hueco que llenar.

¿Cómo hacemos las paces con esas fastidiosas
afirmaciones de autoduda? Puede probar el siguiente
procedimiento:

1. Familiarícese con su frase

Puede que tenga una o tal vez un par. ¿Qué es lo que
le preocupa?

2. Fíjese en ella

Simplemente sea consciente de esa frase cada vez
que le da un golpecito en el hombro.

3. Hágale sitio

Esta es la parte más delicada. Aprenda a hacer las
paces con ella. Con la práctica, cada vez que la advierta,
salúdela con una sonrisa, como si fuese una vieja amiga.
Dele la bienvenida con ternura, piense que es como esa
vieja rebeca que lleva de vez en cuando, «esa antigualla».
Deje que le ronde y no intente quitársela de encima. Tal vez
solo por el hecho de notarla, y no librarse de ella, se vaya sola.
Si se queda, aguante y respire, y siga con lo suyo. Cuando
me viene a la mente mi frase de «no sé suficiente», en lugar
de dejar que se interponga en mi camino, la utilizo para
que me recuerde lo mucho que valoro la sabiduría y mantener
mis conocimientos al día. Me impulsa a profundizar, a seguir
creciendo y a aprender más.

●   ●   ●   ●   ●   ●   ●   ●

4 Siga a lo suyo

Admita que no son más que una serie de palabras, solo un pensamiento; no es la verdad y, desde luego, no tiene que ser una barrera. Esta es la técnica que me ayuda a sobrellevarla: me imagino que mis pensamientos corresponden a una serie de personajes diferentes, cada uno con voz propia. Muchos de ellos ya los conocerá: el crítico interior, el niño interior, la animadora interior y el anciano interior. (Le insto a que conozca a su anciano interior, esa versión suya con pelo blanco, sonriendo y diciéndole «todo va a salir bien»). Ser consciente de este concepto me ha ayudado a escuchar mejor la voz de mi anciana interior —en muchas ocasiones me dice palabras de consuelo, me recuerda la manera en que otras veces he hecho frente a los problemas y me ayuda a ir al grano en la forma de actuar que me va a ayudar en este momento—. Yo dejo que todos estos personajes expresen su opinión, pero acerco un micrófono imaginario a la voz que me va a apoyar en las dudas y los miedos. No se trata de no tener miedo o de tener todas las respuestas; se trata, a pesar de ello, de seguir y avanzar.

¿Hay alguna manera de evaluarnos a nosotros mismos? Por supuesto. Pero no se trata de debatir nuestra valía como seres humanos. No consiste en evaluar nuestros logros, nuestros premios, el número de amigos que tenemos, el tamaño de nuestra casa, el vehículo que conducimos o nuestro saldo bancario. Por mi experiencia, reflexionar sobre las siguientes preguntas es más útil:

- **¿Vive su verdad?**
- **¿Lleva una vida imbuida de significado personal?**
- **¿Lleva una vida inspirada en sus excepcionales puntos fuertes, sus dones y sus talentos?**
- **¿Sus valores personales guían y dan forma a su vida?**

pequeñas perlas ›

▸ Añada a sus herramientas de autocuidado algunas actividades para mejorar el estado de ánimo, entre ellas la música, la ropa, las fragancias, cosas que le hagan reír, actividades artísticas, abrir su postura y buscar cosas que le impresionen.

▸ Desarrolle sus habilidades para mejorar el ánimo saboreando las alegrías de la vida, rememorando recuerdos felices, sumergiéndose en un momento placentero y anticipando un alegre acontecimiento futuro. Multiplique su alegría con la compañía de un amigo.

▸ Transforme la calidad de su día expresando gratitud con un sencillo «gracias» o con un «paseo de gratitud». Cuente las cosas buenas. Pregúntese: «¿Qué ha ido bien hoy?».

▸ Deje de intentar silenciar a su crítico interior; pásele el micrófono a su anciano o a su animadora interiores.

▸ Practique la amabilidad para levantar su ánimo. ¿Cómo puede ayudar a los otros? Incluso el acto de amabilidad más nimio puede ser un alquimista del humor. Extienda esa amabilidad también a su persona.

▸ Pruebe el mantra: «Usted ya es suficiente. Usted ya está entero. Usted ya es perfecto. Todo ser viviente está entero, es perfecto y completo —le fue otorgado libremente con su milagrosa creación—. No hay hueco que llenar, nada que arreglar, nada por hacer».

notas para mí ›

YOGA PARA MEJORAR EL ÁNIMO

Estocada alta

Póngase de pie en la parte posterior de la esterilla, con los pies separados la anchura de la cadera, como si estuviera en unas «vías de tren». Dé un paso muy grande hacia delante con el pie derecho sin salirse de las «vías». Flexione todo lo que pueda la rodilla derecha y estire la pierna izquierda (el talón no debe tocar el suelo); inspire y levante los brazos por encima de la cabeza formando una uve. Espire y flexione los codos y los brazos formando una uve doble. Repita siete veces antes de cambiar de pierna. Esta secuencia mejora el humor y anima.

La montaña

Póngase de pie con los pies separados la anchura de la cadera y las palmas de la mano en la parte exterior de los muslos. Inspire y extienda los brazos hacia fuera y hacia arriba mientras levanta los talones. Siga mirando hacia delante. Espire y, al mismo tiempo, con control, baje los brazos y los talones, para volver, simultáneamente, a la posición inicial... ¡es más fácil decirlo que hacerlo! Mantenga los hombros y la mandíbula relajados. Repita seis veces.

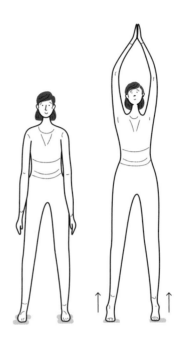

Torsión dinámica de pie

Póngase de pie con los pies separados la anchura de los hombros. Balancee los brazos hacia la derecha y, al mismo tiempo, gire el cuerpo en la misma dirección; a continuación, repita hacia el otro lado. Deje los brazos sueltos y relajados. Realice la torsión como mínimo seis veces a cada lado y disfrute de la libertad y la ligereza de este movimiento.

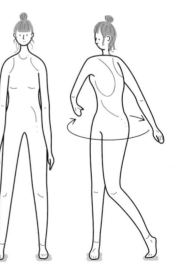

siete

ESTABLECER OBJETIVOS Y LOGRARLOS

▶ «Encuentre una persona feliz y encontrará un proyecto»[40]. Estas sabias palabras pertenecen a Sonja Lyubomirsky, una de las pioneras de la psicología positiva, y creo que está en lo cierto. Aprender a establecer objetivos reales constituye un ingrediente esencial para poner en marcha cualquier senda de la rueda de la vitalidad. Establecer un objetivo le ayudará a cuidar su alimentación, hacer más ejercicio, desarrollar una mejor rutina de sueño, encontrar tiempo para relajarse, ver a sus amigos más o planear unas vacaciones. Si cuando deje este libro tiene solo un objetivo, por favor, que sea la intención de alimentar su espíritu todos los días con alguna forma de autocuidado.

Si desea conseguir algún cambio en su vida, tanto si consiste en integrar un nuevo hábito saludable como recuperarse después de una adversidad o tomar una decisión audaz respecto a su carrera profesional, establecer un objetivo le ayudará a actuar en consecuencia. Las investigaciones demuestran que es más probable conseguirlo si se establece un objetivo[41]. Las metas le ayudan a estructurar el tiempo, a dar forma a su vida; le hacen más consciente, hacen que se sienta más motivado y resistente, y le impulsan a actuar de acuerdo con sus valores. Las investigaciones también demuestran que las personas que se comprometen con algo importante para ellas son más felices que aquellas que no tienen unas aspiraciones sólidas[42].

Si la idea de establecer objetivos no le atrae, espere. Hay algunos principios muy sencillos para establecer objetivos que podrían cambiar la forma en que los percibe y lo eficaces que pueden ser. Mientras que los objetivos adecuados pueden animarle, los que no están bien pensados pueden desmotivarle. Antes de forjar una meta, reconozca sus niveles de energía y las exigencias a las que se enfrenta en la vida en este momento. Si la idea de empezar a pensar un objetivo le parece que es una carga más, entonces quizás le convenga suavizar el concepto creando una «intención» (puede ser un sencillo compromiso con una rutina diaria que mejore su bienestar o simplemente llegar al final del día o, cuando la situación sea difícil, conseguir pasar esa hora). Muchas veces oigo a las personas decir que no tienen tiempo para establecer objetivos. Si usted se encuentra entre ellas, entonces mi advertencia es que no espere que vayan a cambiar muchas cosas en su vida... si desea conseguir un cambio significativo, es difícil que lo logre por sí solo; además, una meta le ayudará a crecer.

Cuando me encontraba en mis horas más bajas, mi meta siempre fue sencilla: dedicar cinco minutos al día a hacer yoga, por ejemplo. El principal objetivo durante los primeros años de Charlotte fue recuperarme y ser la mejor madre posible en esas circunstancias. No era el momento de establecer grandes metas sobre lo que me deparaba el futuro.

Incluso la segunda vez con Ted, cuando tenía un poco
más de energía y, por tanto, más sentido del humor, decía
de broma que el objetivo de ese período era «¡parpadear
y respirar!». Cuando sentí que la energía fluía un poco
mejor y que había espacio para más, llegó el momento
de repasar mis objetivos a largo plazo. Disfrutaba
pensando en regresar al trabajo, en dedicar más
tiempo a mis relaciones y en ver cómo podía mejorar
la salud. Hay un momento para cada cosa, pero no es
necesario hacerlo todo a la vez. Escoja con prudencia
en qué quiere centrarse.

Mi gran sueño para este año es regresar de visita
a Sídney y enseñarle a Ted las playas donde pasé mi
infancia. Se trata de un objetivo difícil por la cuestión
económica, y si este deseo no se expresa claramente
y no hay un compromiso colectivo y actuamos en
consecuencia, no será posible. Me encanta cómo
esta meta me ayuda a simplificar la toma de decisiones
—cada vez que mi pequeña de seis años se encapricha
con algo le pregunto: «¿Qué prefieres, esta cosita con
la que te entretendrás cinco minutos o llevar a la abuela
al zoo de Taronga en Australia?»—. Los días difíciles
imagino que alcanzo este objetivo, y esto me ayuda
a seguir trabajando para conseguirlo.

Hay un momento para cada cosa, pero no es necesario hacerlo todo a la vez.

CÓMO ESTABLECER OBJETIVOS ALCANZABLES

▶ ¿Cómo crear el tipo de objetivos que pueden motivarle y animarle? Lyubomirsky[43] describe cinco características clave de los objetivos que mejor funcionan para aumentar nuestro bienestar. Son las siguientes:

1. Intrínsecos

Objetivos que son personalmente gratificantes e inspiradores, a diferencia de los extrínsecos, que son un reflejo de lo que otras personas quieren de usted, lo que creen que debería hacer o que le son impuestos.

2. Auténticos

Objetivos que se basan en sus valores, intereses y creencias, y aquellos que concuerdan con su personalidad y con sus puntos fuertes naturales. Si no está seguro de cómo aclarar sus valores y sus puntos fuertes, pase al capítulo «Valores y propósitos» (*véanse* págs. 192-207). Sus objetivos han de tener algo que realmente le importe. En sus charlas sobre motivación, Simon Sinek lo explica con elocuencia: «Trabajar duro por algo que no nos importa se llama estrés; trabajar duro por algo que amamos se denomina pasión». Como ejemplo, el año pasado fracasé estrepitosamente con mi objetivo de «mejorar mi manera de cocinar». ¿Por qué? Porque cocinar es una actividad que no me interesa en especial. Mi resolución no consiguió que hiciese lo que tenía que hacer. Cuando analizo más de cerca lo que el arte culinario facilita mi vida, empiezo a darme cuenta de su valor y me entran ganas de preparar comidas saludables y repletas de energía para mi familia y para mí. Quiero que mis hijos aprendan a preparar

platos nutritivos. Quiero ser una auténtica profesional del bienestar y poner en práctica todos los consejos que yo misma ofrezco. Desde este punto de vista, cocinar se convierte en una actividad esencial para vivir de acuerdo con lo que es realmente importante para mí. De modo que el objetivo es «preparar comida más nutritiva e involucrar a mis hijos en esa actividad», y estoy decidida a actuar en consecuencia.

3. «Acercarse» en lugar de «evitar»

Formule sus objetivos de un modo positivo para que impliquen acercarse o conseguir un resultado deseado en lugar de evitar un resultado indeseado. Los objetivos actúan como una poderosa declaración de intenciones para su cerebro, de modo que si su meta es «comer menos chocolate», la mente se centra en... ¡el chocolate! Un objetivo más eficaz sería buscar un nuevo ritual placentero, por ejemplo, saborear una taza de té.

Por mi experiencia, cuando cambiamos el objetivo de, por ejemplo, «perder peso» a «autocuidado diario para mejorar la vitalidad», empezamos a ponernos en forma y a hacer, de forma natural, mejores elecciones respecto al estilo de vida. Cuando estamos contentos y nos sentimos bien, los patrones de pensamiento negativo y los comportamientos que no ayudan tienden a eliminarse por sí solos. Hay investigaciones que avalan la idea de que cuando nos comprometemos con valores que no están relacionados de manera directa con la pérdida de peso es entonces cuando muchas veces se pierde peso[44].

4. Armonía

Asegúrese de que sus intenciones se complementen unas a otras y que no estén enfrentadas. Uno de los períodos más frustrantes de mi vida fue cuando Teddy era muy pequeño y mis dos metas eran «estar ahí para Ted» y «crear un negocio». Estos objetivos contrapuestos eran una fórmula ideal para provocar un conflicto interior, y hasta que no logré cierta resolución entre ellos, me sentí muy estancada. A veces tenemos que retrasar algunos objetivos hasta que la situación sea más favorable o hasta que dominas un objetivo en concreto con el fin de dejar espacio para otro. Ayuda ver la situación de forma objetiva y ser honestos con nosotros mismos. Merece la pena reconocer que en las relaciones ayuda mucho que exista armonía entre sus objetivos y los de su pareja. Quizás no sea posible para usted perseguir sus objetivos simultáneamente; creo que en ese caso lo mejor puede ser turnarse.

5. Razonable y flexible

Tenga en cuenta sus circunstancias actuales y los recursos disponibles. Estas variables pueden cambiar, de modo que conviene mantener los objetivos fluidos. Los rígidos solo ayudan a que se produzca un conflicto interior, así que es importante dejar un poco de espacio para la evolución de sus circunstancias.

CONSEGUIR SUS OBJETIVOS

LOGRAR EL ESTADO DE ÁNIMO ADECUADO

▸ Asegúrese de que tiene el estado de ánimo adecuado antes de empezar a pensar en todos los objetivos. Cuando crea que está preparado, anote en su rueda de la vitalidad lo que quiere lograr. No se limite pensando que tiene que saber cómo lo va a hacer. Formule algunos objetivos con ayuda de las cinco directrices de las páginas 176-178; cuanto más claros y específicos sean, mejor, y acuérdese de darles un margen de tiempo flexible. No solo piense en ellos, anótelos. El hecho de escribir sus objetivos es un paso importante para establecer un contrato psicológico consigo mismo. Una vez que los haya escogido con cuidado (sabrá que son los adecuados si al pensar en ellos tiene una sensación positiva o se siente entusiasmado), tendrá que realizar una lluvia de ideas sobre los pasos a seguir. No es suficiente con limitarse a pensar sobre los objetivos; para conseguir algún cambio hay que actuar.

SEGUIMIENTO

Una vez que haya decidido qué es lo que desea, tiene que determinar cómo va a proceder. Piense en diferentes ideas sobre la forma de actuar o sobre los comportamientos

necesarios para conseguir su objetivo. Por ejemplo,
si se ha propuesto mejorar su forma física, ¿qué acciones
concretas se requieren para conseguirlo? ¿Qué tiene que
hacer más o qué nuevos comportamientos debe adoptar
para que ese objetivo se haga realidad? Anote tres pasos
que pueda dar ahora para avanzar hacia ese objetivo
—puede ser llamar a un amigo y concretar un día para
salir a caminar juntos; o quizás comprarse un nuevo
par de zapatillas. Una vez que haya realizado esos pasos,
¿qué más tiene en su lista? Anótelo y comprométase.
No olvide señalar en el calendario los días que da un paso
positivo para lograr su objetivo; una vez que empiece
no dejará pasar un día.

DIVÍDALO

▸ Divida su objetivo final en pequeños subobjetivos; piense en ellos como minimetas que puede celebrar y que le ayudan a mejorar su autoestima. Puede ser una manera eficaz de romper la inercia y evitar sentirse abrumado. Yo empecé a escribir este libro cuando nació Ted; el objetivo «escribir un libro» mientras cuidaba a un recién nacido era potencialmente una locura; sin embargo, fue una manera de lograr que mis metas respecto a la maternidad y a mi vida profesional fuesen alcanzables. Escribía mientras Ted dormía y, gracias a que dividí este proyecto en pasos, este libro se hizo realidad. Primero pensé en sobre qué tema quería escribir, después organicé mis pensamientos, redacté el manuscrito, estudié el mundo editorial, encontré un agente, conseguí un editor y ¡aquí está! Dividir la tarea en fases fue esencial para que resultase manejable. También ayuda pensar en alguna recompensa por cada paso que se logra. Pero tiene que asegurarse de que escoge algo vivificador que no sabotee sus esfuerzos a largo plazo.

CONSIDERE LOS OBSTÁCULOS Y LA FORMA DE SOLVENTARLOS

▸ Piense en los posibles obstáculos que pueda encontrar a lo largo del camino —tiempo, energía, dinero, recursos y conocimiento—. Si algunas de estas barreras parecen inamovibles, ¿puede ajustar su objetivo o cambiar el marco de tiempo para que sea más alcanzable? Determinar de manera proactiva formas para superar cualquier reto potencial hará que vuelva antes a la acción. Las afirmaciones modelo también pueden resultar útiles para salvar los obstáculos. Por ejemplo, si tengo que trabajar tarde y pierdo la clase en el gimnasio, entonces hago en mi casa mi tabla de ejercicios de diez minutos. Tenga un plan preparado y se sentirá seguro incluso cuando aparezca un contratiempo.

LLAME A SU EQUIPO

▸ Recurra a otras personas en busca de apoyo. Dígalo en voz alta y explique a las personas a su alrededor a lo que se ha comprometido; esto ayudará a sus seres queridos a comprender sus prioridades y a apoyarle, en lugar de sabotearle sin querer en su lucha por alcanzar sus objetivos. Plantéese contar con un amigo para apoyarse mutuamente, alguien con quien comparta su pasión o sus ganas por conseguir algo importante a nivel personal y trabajar juntos para lograr sus metas. Tal vez sea tan solo un amigo que quiere verle mejorar y a quien puede llamar para que le ayude a conseguir su objetivo.

Considere recurrir a un *coach* para que le ayude, un compañero con quien pensar en ideas, alguien que sea imparcial, que estará pendiente de usted y que le hará que aumente la sensación de responsabilidad. Al fin y al cabo, no nos pensamos dos veces contratar a un entrenador personal para que nos ayude a ponernos en forma. Quizás tenga algunas lagunas intelectuales respecto a lo que quiere hacer, en cuyo caso conviene dirigirse a un experto en ese campo para que le ayude a buscar las respuestas que necesita. Tiene muchas más probabilidades de lograr sus objetivos con el apoyo de las personas que lo rodean, de modo que compártalos y deje que le ayuden.

COMPRUEBE, AJUSTE Y CELEBRE

▸ No deje de revisar sus objetivos cada cierto tiempo para pulirlos, priorizarlos y reafirmar su compromiso. Así puede utilizar el otro beneficio que conlleva establecer objetivos: ¡celebrar los logros! Demasiadas veces abordamos directamente el siguiente obstáculo. Tómese el tiempo necesario para reconocer sus pequeñas metas y para celebrarlas con su equipo. Me encanta sentarme con mi diario de la vitalidad y hacer balance, revisar los objetivos que he establecido y reflexionar sobre mi progreso. A veces todavía no he logrado una meta en particular, pero puedo celebrar lo lejos que he llegado; en otras ocasiones, puedo tacharlos ya y disfrutar de verdad de ese éxito. Algunos caen de forma natural porque ya no son importantes para mí, o porque otros tienen preferencia.

establecer objetivos y lograrlos

RECONOCER LOS LOGROS

▸ Martin Seligman, psicólogo pionero en su campo, escogió los logros como uno de los «cinco pilares del bienestar» por una buena razón. Reconocer los logros es una gran fuente de energía y de sustento. Pensar en lo que va bien es una manera muy eficaz de mejorar la sensación de valía; no solo se trata de elogios públicos y de acontecimientos, por ejemplo, una graduación, sino de ser consciente en el día a día de un trabajo bien hecho. La maternidad me lo ha dejado bien claro; cuando me pierdo en la naturaleza incesante de criar a mis hijos, la vida se parece a *Atrapado en el tiempo*. Cuando me acuerdo de buscar los logros en esa rutina, siento que se me levanta el ánimo.

Creo que es útil reconocer que, en diferentes momentos de la vida, el éxito puede significar cosas distintas y tenemos que ajustar nuestra definición de logro para que sea apropiada para los papeles que desempeñamos y las responsabilidades que tenemos. Antes de tener hijos, el logro en mi carrera profesional era verdaderamente tangible; tenía clientes que me daban las gracias por mis esfuerzos, una agenda de trabajo completa que me recordaba mi valía y botellas de vino en Navidad que me hacían sentir muy valorada. ¿Criar a mis hijos? Una historia por completo distinta. No hay aumentos de sueldo ni ascensos. Mi «cliente» rara vez me agradece que le cambie el pañal; de hecho, la mayor parte del tiempo tengo que luchar contra su resistencia para que se lo cambie. ¿Cuántos adolescentes dan las gracias cuando les llenas la nevera? Fregar los platos, ciertamente, no me proporciona la sensación de que estoy realizando una contribución valiosa a este mundo, pero ¿hay algún logro? Pues claro que sí. Solo tenemos que entrenar nuestros ojos para verlo.

Todos tenemos que aprender a darnos un golpecito en la espalda por realizar nuestras tareas rutinarias. Cuando reconozco cada mini logro como el logro genuino que es, tengo una verdadera sensación de triunfo al saber que mis hijos están vestidos, alimentados y cuidados. Padres y madres, no solo limpiáis mocos, o todo el tiempo estáis yendo de un lado a otro llevando a vuestros hijos a sus actividades. Intentad ver la imagen completa y ¡sed conscientes de que estáis criando a un ser humano!

¿Trabaja por cuenta propia o ajena? Las muestras de interés y los elogios pueden escasear. Quizás sus días de trabajo ya hayan acabado y su sensación de logro ha de venir de otros ámbitos distintos al laboral. Esté alerta a sus consecuciones, ya sean pequeñas o grandes. Piense en el esfuerzo que ha invertido para conseguirlos y saboréelos. Sienta cómo el hecho de reconocerlos le llena de energía. No espere a que otros le digan «bien hecho», usted se lo puede decir a sí mismo y será igual de satisfactorio. Creo que es algo muy bonito convertir en costumbre reconocer también los logros de los demás. ¡Sienta cómo crece esa espiral positiva!

DÉ LA BIENVENIDA A SU FUTURO YO

▸ Cuando trabajo por un objetivo y hay algo que me tienta y que sabotea mi progreso a largo plazo, el concepto de «pasado», «presente» y «futuro» resulta de ayuda. Su yo pasado es la persona que fue ayer, hace cinco o veinte años. Cuando se trata de objetivos, tiene que saber que no puede cambiar su yo pasado, solo puede cambiar cómo se siente con respecto a él. Su yo actual es la persona que es en este momento, hoy, y aquí es donde radica su control; tiene el poder de lograr quien es usted en este momento, de realizar sus elecciones actuales. Su yo futuro es la persona en la que se está convirtiendo, mañana, el próximo mes, en diez años; es la culminación de todas las decisiones que ha tomado su yo actual —yo tomo mejores decisiones cuando establezco esta relación de manera consciente.

Cuando se enfrente a una decisión que influya en su objetivo, tenga en cuenta cómo cada elección afecta a la persona en que se está convirtiendo. ¿La elección que está a punto de realizar ayuda a quien usted aspira ser? Relacione esto con decisiones del pasado y con los resultados de esas acciones; aprenda de esas elecciones. ¿Puede retrasar la satisfacción de este momento para alimentar a su yo «futuro», incluso aunque su yo «actual» esté pidiéndolo a gritos? ¿Hay alguna manera en la que pueda encontrar satisfacción en este momento y que no sabotee la persona que usted aspira ser? Logre un equilibrio entre preocuparse por su yo actual y su yo futuro.

Medite sobre su yo futuro: quién es la persona en quien se está convirtiendo, permítale que tenga voz y escúchela.

Sepa que las decisiones y las elecciones son suyas,
y que si elige mejor la mayor parte del tiempo, conseguirá
estar más cerca de la persona que quiere llegar a ser. Este
año cumplo cuarenta años. No hay nada como una fecha,
un acontecimiento o un cumpleaños importante para
conseguir un impulso. He pasado mucho tiempo pensando
en esta imagen de quien quiero ser a los cuarenta.
Puedo verla, oírla y sentir su presencia. Muchas veces me
pregunto qué haría ella, y sé que si realizo la misma elección,
estoy un paso más cerca de ser esa versión maravillosa
de mí misma.

Labrar el camino que quiere tomar puede llevar tiempo,
de modo que sea constante, compasivo y, lo más importante,
amable consigo mismo. En el caso de que necesite
un poco de ayuda para llevar a cabo su visión, reconózcalo.
Si es algo que hace mucho tiempo que desea y lo que
está haciendo no funciona, entonces, busque ayuda.
De la misma forma, si es algo nuevo y no sabe cómo
abordarlo, pida ayuda.

pequeñas perlas ›

› Sabrá si ha conseguido
establecer sus objetivos
si estos le llenan
de emoción.

› Haga realidad su objetivo pensando
en los pasos específicos que debe dar
para conseguirlo. Empiece poco a poco,
dividiéndolo en pequeñas metas que puede
celebrar. Considere de forma proactiva
los obstáculos y busque soluciones para
que sea más fácil seguir en la senda.
Establezca un contrato psicológico
consigo mismo y aproveche el apoyo
de su equipo.

› Los mejores objetivos están
basados en lo que a usted le resulte
personalmente gratificante, están
formulados de forma positiva y tienen
que ver con sus valores. Asegúrese
de que exista fluidez alrededor de s
objetivos; tenga en cuenta el tiempo
la energía y los recursos de que
dispone y evite establecer metas
que discrepen.

› Saber cómo formular
objetivos eficaces le ayudará
a crear hábitos nuevos y saludables,
y constituye un paso esencial
para comprometerse a hacer
cualquiera de las actividades
de la rueda de la vitalidad.

› Antes de empezar
a pensar en objetivos, intente
tener la actitud adecuada
hablando con un amigo
o mejorando su creatividad con
una serie de ejercicios que
le levanten el ánimo.

› Utilice el diario de la
vitalidad y sueñe sin tener que
establecer límites para saber
cómo lo conseguirá.

▶ Reconocer los logros es una poderosa actividad de autocuidado que mejora la autoestima. Utilice el diario de la vitalidad para seguir su progreso. Anote lo que ha ido bien durante el día y disfrute de ese sencillo placer.

▶ Dedique más tiempo a pensar sobre lo que significa para usted el éxito y reconozca que es un concepto cambiante a lo largo de los diferentes capítulos de su vida. Aprenda a darse un golpecito en la espalda.

▶ Supere el autosabotaje pensando en la persona en que se está convirtiendo. Su «yo futuro» es la culminación de todas las elecciones que haga en este momento. Recuerde que tiene una elección, y que al retrasar la satisfacción y al hacer buenas elecciones la mayor parte del tiempo, está cada vez más cerca de convertirse en la mejor versión de sí mismo. Invierta tiempo en su diario de vitalidad y reflexione en quién aspira ser y deje que tenga una voz, escúchelo y conviértase en esa persona paso a paso.

▶ Los objetivos motivan, dan fuerza, canalizan la atención y ayudan a gestionar el tiempo. También pueden estimular la felicidad, de modo que establecer un objetivo es, en sí mismo, una actividad de autocuidado.

Medio saludo al sol

Póngase de pie con los pies separados la anchura de las
caderas y las manos en la cara externa de los muslos. Inspire
y lleve los brazos hacia delante y hacia arriba mirando hacia
arriba. Espire y flexione la cadera y las rodillas, baje el pecho
hasta los muslos y la cabeza hacia los pies. Inspire y ponga la
columna recta paralela al suelo; con las palmas de las manos
apoyadas sobre las espinillas, sienta los músculos de la espalda.
Espire y relaje la espalda bajando el pecho hacia los muslos.
Inspire y, poco a poco, incorpórese con los brazos levantados
por encima de su cabeza, mirando hacia arriba. Espire, flexione
las rodillas y haga una sentadilla con los brazos rectos delante
del cuerpo. Inspire e incorpórese con los brazos arriba. Espire
y baje los brazos con la mirada hacia el frente. Repita de tres
a seis veces para calentar el cuerpo y que tenga energía.

Guerrero lateral

Póngase de lado en la esterilla con los pies bien separados.
Saque hacia fuera el pie derecho y presione el talón izquierdo 45º.
Con las piernas rectas, inspire y levante los brazos por encima
de la cabeza, con las palmas de las manos juntas, y mire
hacia arriba. Al espirar, flexione bien la rodilla derecha y estire
la pierna izquierda extendiendo los brazos al nivel de los hombros.
Repita de tres a seis veces antes de mantener la postura cinco
respiraciones y, a continuación, cambiar de pierna.

Flexión de tronco de pie

Póngase de pie con los pies separados la anchura de
las caderas, flexione el tronco a la altura de las caderas
y póselo sobre los muslos. Toque el suelo con la punta
de los dedos y flexione bien las rodillas. No arquee la
parte superior de la espalda. Deje que el tronco caiga
y sienta cómo la coronilla se hunde hacia el suelo.
Mantenga esta postura de cinco a diez respiraciones
antes de enderezarse lentamente.

ocho

▸ Podríamos decir que 2014 fue el año en que realmente me encontré a mí misma. Tomamos decisiones complicadas e hicimos grandes cambios y, a pesar de nuestro optimismo, era como avanzar en el barro, ¡pero volvería a hacerlo sin pensarlo dos veces! No hay nada que valore más que el tiempo que se dedica a un ser querido, que un abuelo conozca a su nieto o ver a tu pareja crecer. Sin embargo, no ha sido fácil y hemos aprendido muchas lecciones.

Un ejemplo: cuando estaba embarazada vendimos nuestro piso, preparamos la casa familiar de cuarenta años para ponerla a la venta, nos despedimos de nuestra vida en Sídney y nos trasladamos a Reino Unido. Durante cuatro meses vivimos con las maletas a cuestas, trabajamos duro para lograr oportunidades profesionales, tuvimos un bebé y matriculamos a nuestra hija en su primer colegio. El año terminó celebrando la Navidad con toda la familia de mi marido y con el muy triste, aunque esperado, fallecimiento de mi suegro.

Fue una época difícil y, a veces, solitaria, pero salpicada de verdaderas experiencias cumbre. Pensándolo bien, el hecho de saber por qué fue lo que me ayudó. Cuando todo lo demás fallaba, saber que había una razón sólida detrás de nuestras decisiones hizo que fuese más fácil seguir adelante. Fue una herramienta que me permitió ver más allá de mí misma y de mi ego, y apreciar la situación en su conjunto. Cada vez que dudaba sobre nuestra decisión de mudarnos, pensaba que la tomamos para estar con el padre de Dave. Saber que lo habíamos hecho de corazón y que habíamos actuado siguiendo nuestros valores me dio fe para seguir nuestro camino.

Los saltos de fe guiados por principios pueden parecer que son lo correcto, pero no espere que sean fáciles. A veces, cuando iniciamos un recorrido valiente e impulsado por nuestros valores, podemos ser impacientes. Recuerdo cómo me sentía frustrada cuando las cosas no salían como habíamos planeado. Encontrar un buen trabajo fue más difícil de lo que habíamos pensado, no conseguimos plaza para nuestra hija en el colegio que queríamos, se nos escaparon tres casas... en ese momento pensé que el universo debía de haber conspirado para que todo saliese bien, porque estábamos haciendo lo «correcto». Habíamos sido claros con nuestros valores, habíamos actuado con un propósito y los resultados esperados no llegaban... en el momento que yo quería. Es importante hacer esta distinción. Los frutos de nuestros esfuerzos llegaron, pero tardaron más y supusieron más trabajo y más sufrimiento de lo que había esperado. El mantra que me gusta utilizar para fomentar la paciencia y el optimismo es «está llegando». Cuando me embarga esa sensación de «lo quería ayer», o cuando mis objetivos están lejísimos, repetir estas palabras me tranquiliza.

Conectar con sus valores es el ingrediente mágico que une las diferentes partes

de la rueda de la vitalidad. Sus valores son la razón
por la que opta por el autocuidado, y al comprometerse
a unas acciones regulares de autocuidado, se sitúa en
el mejor lugar posible para vivir la vida que aspira a llevar
y para convertirse en la persona que desea ser. Para mí
es llegar a ser la madre paciente, cariñosa y compasiva
que me gustaría ser, trabajar con profesionalidad, fuerza
y autenticidad, ser amable con mi pareja y disfrutar
del matrimonio que yo valoro mucho. El autocuidado
es como dos circuitos que se alimentan mutuamente:
se embarca en él para vivir con plenitud sus valores,
y el hecho de emplearlos le motivará para comprometerse
con el autocuidado.

Conectar con su propósito puede transformar cómo
se siente con respecto a una actividad, su papel
en la vida o sus circunstancias. Evaluar sus alternativas
pensando en lo que le acerca o le aleja de sus valores
le ayudará a ver con claridad las vías de acción correctas
y le facilitará la toma de decisiones. No es suficiente
saber qué es lo que quiere de la vida, hay que saber
por qué. Ser completamente claro con la razón que
le lleva a actuar de una determinada manera le ayuda
a seguir cuando la vida le pone a prueba.

Conectar con sus valores es un camino seguro para
sentirse inspirado y lleno de ímpetu y, por esta razón, el
simple hecho de pensar en ellos constituye una actividad
de autocuidado. Actuar siguiendo esos valores le dará
una sensación de autenticidad, y eso le ayudará cuando
se encuentre con un desafío.

Conectar con sus valores
es el ingrediente mágico
que une las diferentes
partes de la rueda
de la vitalidad.

ENTENDER SUS VALORES

¿EN QUÉ SENTIDO SUS VALORES SON DIFERENTES A SUS OBJETIVOS?

▸ Los valores son direcciones que se toman en la vida y que se escogen personalmente, son los principios que no tienen un final y que dan forma y definen nuestras vidas, mientras que los objetivos se pueden terminar o lograr. Sus objetivos le ayudan a centrarse y le dan determinación; sus valores, claridad y razones. Establecemos objetivos según nuestros valores, pues son ellos los que en realidad nos importan como individuos y lo que consideramos que tiene que ser una vida bien vivida. Hablar, pensar y actuar según nuestros valores nos dará una fuerte sensación de energía.

DEFINA SUS VALORES

▸ En la página siguiente aparecen varios puntos de reflexión. Utilice cualquiera de estas preguntas como inspiración para aclarar sus valores. Piense sobre ello, medítelo, háblelo con amigos, anote sus reflexiones en su diario de la vitalidad o haga un tablero visual, tan visual como usted desee, con anotaciones, recortes de revistas, palabras clave, etc. Mi frigorífico se ha convertido en una especie de tablero visual: fotos, los premios escolares de mi hija, mi lista de deseos para las vacaciones en imágenes y pósits con palabras que me motivan. También puede utilizar el diario de la vitalidad. Disfrútelo.

¿Quién aspira llegar a ser?

Mi forma preferida de dar vida a los valores es pensar en los diferentes papeles que desempeño todos los días. Pregúntese qué cualidades le gustaría poseer en los papeles que desempeña o cómo le gustaría que le recordasen. Cómo desea ser como pareja, como padre o madre, como hija o hijo, como amigo o en el lugar de trabajo.

¿Qué virtudes son importantes para usted?

Otra de mis maneras preferidas de aclarar qué nos importa y qué hacemos bien de forma natural se inspira en el trabajo de los psicólogos Martin Seligman y Chris Peterson, que crearon un cuestionario de «valores en acción, inventario de fortalezas». Lo puede hacer en línea o utilizar la lista de veinticuatro fortalezas personales como temas de reflexión. Son: creatividad o ingenuidad, curiosidad o interés en el mundo, pensamiento crítico o mentalidad abierta, amor por el conocimiento, perspectiva, valentía, perseverancia o diligencia, honestidad o integridad, vitalidad o pasión, capacidad de amar y de ser amado, bondad, inteligencia social, lealtad o trabajo en equipo, justicia y equidad, liderazgo, capacidad para perdonar, humildad, prudencia o cautela, autocontrol, apreciación de la belleza y de la excelencia, gratitud, esperanza, sentido del humor, espiritualidad o fe. De esta lista, ¿qué cualidades le gustaría desarrollar y utilizar?

Este cuestionario gratuito está disponible en www.viacharacter.org/Character-Strengths-Survey. Una vez que lo haya terminado, clasificarán por orden las veinticuatro fortalezas; preste atención a las cinco primeras, sus fortalezas, y si está interesado, piense en las últimas cinco como áreas para mejorar. Busque formas de usar bien sus puntos fuertes y advierta cómo esto le proporciona energía.

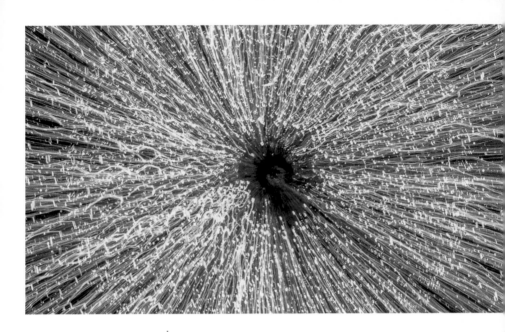

¿Qué le intimida o le enoja?

Piense en una situación o en un tema que le haga enfadar o le indigne. Piense por qué le enoja. ¿Qué principios compromete o vulnera esta situación? Piense en la situación contraria, en una persona que admira. ¿Qué representa esta persona, a qué ha contribuido o qué es lo que aprecia de ella? Estas son las cualidades y las creencias que usted valora.

¿Qué ha incluido en su lista de cosas que hacer antes de morir?

¿Ha realizado una lista de todas las cosas valiosas que quiere lograr o experimentar antes de desaparecer? Preguntarse por qué quiere estas cosas puede ayudarle a descifrar qué es lo más importante para usted. O pregúntese «si me quedasen treinta días de vida haría...» con objeto de clarificar las cosas que le importan en la vida.

CREE UN EQUILIBRIO EN SU VIDA

▸ Piense en los diferentes aspectos de su vida, incluidos el amor, la familia y los amigos, el trabajo, la salud, el crecimiento personal y la educación, la diversión, las finanzas y el estándar de vida, la comunidad, la vida espiritual o el entorno físico. ¿Qué es lo que le parece más importante en esas diferentes esferas y qué acciones podría hacer para crecer y evolucionar? Esto puede ayudarle mucho, así que si estas acciones le resultan inspiradoras, añádalas a sus herramientas de autocuidado.

Ayuda crear algún tipo de equilibrio en la energía que invertimos en estos diferentes aspectos de la vida. A veces, cuando siento presión en mi vida laboral, pongo demasiada energía en ella a expensas de otras facetas de mi vida. Me he dado cuenta de que si me dedico a esas otras facetas —como mejorar mis vínculos sociales o incluso simplemente estar al día con las tareas domésticas—, provoco un cambio de energía. Se elimina el bloqueo y las cosas empiezan a fluir en la vida profesional, aunque me haya estado ocupando de otras actividades importantes.

PONGA EN PRÁCTICA SUS PROPÓSITOS

▸ Una vez que tenga claros sus valores, busque la manera
de emplearlos. Ayudar a otros es una forma de sacar
estas ideas del papel y darles vida. Observe lo que
ocurre cuando dedica su energía y sus esfuerzos
a algo más importante que usted. Este es el mantra
que yo suelo repetir al final de mi meditación diaria:
«Todo lo que soy lo ofrezco al servicio de toda
la humanidad, y estoy sumamente agradecida
por todo lo que recibo». Si esto le parece que encaja
con usted, pase un tiempo reflexionando sobre ello
y busque maneras de hacerlo realidad.

Este punto también hace hincapié en que no vivimos
en una burbuja —somos individuos que actuamos en
relación a las personas que están a nuestro alrededor,
y existe cierta sensación de momento oportuno respecto
a la forma en que se presentan las oportunidades—.
Yo creo que hay capítulos en la vida cuando parece
que es tu «turno» y otros en los que te mantienes
al margen. Tenemos que conservar nuestra perspectiva
enraizada en el contexto más amplio —no se trata
solo de nosotros—. Hay otras personas en nuestra vida
que tenemos que considerar, hay otras aspiraciones
en juego. ¿Podemos ser generosos y dejar que otra
persona tenga su turno sin envidiar su momento
de esplendor? El nuestro también llegará, pero quizás
no cuando nosotros lo esperábamos.

LOS VALORES Y LA RUEDA
DE LA VITALIDAD

▸ Abra su diario de la vitalidad y anote las áreas
de la rueda de la vitalidad en las que le apetezca
trabajar. Saque provecho de sus valores preguntándose
lo que le facilitan hacer o ser. Si lo desea, puede
formular una especie de afirmación de su misión
—básicamente explica «por qué», y esto actúa como
una afirmación modelo de ese comportamiento—.
Así es como yo he creado algunos de mis mantras.
Todo vale, y puede hacer varios para cada radio
de la rueda de la vitalidad. En la página siguiente
hay algunos ejemplos que le pueden ayudar.

Cuando hago ejercicio, controlo mejor el estrés y soy una persona más amable (moverse por la salud mental).

Cuando priorizo dormir, soy más paciente y compasiva (dormir para conservar la cordura).

Tener tiempo para la risa y la diversión con mi familia refuerza nuestros lazos (la familia que juega se mantiene unida).

Cuando me hablo con amabilidad, también soy más amable con los demás (háblese como hablaría con su mejor amigo).

notas para mí ›

pequeñas perlas ▸

▸ El autocuidado y conocer nuestros valores son como dos circuitos que se retroalimentan: practicamos el autocuidado para vivir bien la vida y para ser la mejor versión de nosotros mismos. Tenga claros sus valores y se sentirá motivado para embarcarse en un autocuidado activo y limitará el sentimiento de culpa por tomar tiempo para sí mismo.

▸ Busque el equilibrio en su vida y observe el flujo de energía que utiliza en los diferentes aspectos de su existencia. Equilibre su actividad entre el amor, la familia y los amigos, el trabajo, la salud, el crecimiento personal y la educación, la diversión y el esparcimiento, las finanzas y el estándar de vida, comunidad, vida espiritual o entorno físico.

▸ Determine sus valores reflexionando o escribiendo sobre ellos y reuniendo imágenes inspiradas en las siguientes preguntas: ¿quién aspira llegar a ser en los diferentes papeles que desempeña en su vida?, ¿qué virtudes son importantes para usted?, ¿qué le intimida o le enfada?, ¿qué ha incluido en su lista de cosas que hacer antes de morir?

▸ Si siente impaciencia, repítase a sí mismo «está llegando», y considere el concepto de tomar turnos en sus relaciones más cercanas.

▸ Los valores son las cualidades que le importan, las cosas de la vida que le interesan de verdad. Piense en los valores como en indicaciones para la vida que nunca se pueden tachar, mientras que establecemos objetivos que se pueden completar sirviendo a nuestros valores.

▸ Para comprometerse a practicar el autocuidado, pregúntese lo que cada radio de la rueda de la vitalidad le facilita que haga o que sea. Anote sus mantras o afirmaciones de misión en el diario de la vitalidad y sienta cómo cuidándose siempre tendrá todas las de ganar.

▸ Tener claro cuál es su propósito tiene el potencial de producir una gran alegría, motivación y una fuerte determinación. ¿Cuál es su porqué? ¿Se ha embarcado en una audaz línea de acción (un proyecto, una empresa, un nuevo capítulo en la vida o compromisos familiares)? ¿O se ha decidido a hacer un diminuto cambio en su comportamiento diario adoptando una nueva y saludable costumbre? Tómese un momento para reflexionar por qué lo hace y anótelo en su diario de la vitalidad. En épocas difíciles, intente tener una visión más general, ya que le ayudará.

▸ Utilice sus valores ayudando a los demás. Pruebe el mantra: «Todo lo que soy lo ofrezco al servicio de toda la humanidad, y estoy sumamente agradecido por todo lo que recibo».

valores y propósitos

YOGA PARA CONECTAR CON EL CORAZÓN Y PARA CANALIZAR SU DETERMINACIÓN

Flexión de rodilla en posición supina

Túmbese en el suelo con las piernas estiradas y los brazos a los lados. Inspire y levante los brazos por encima de la cabeza. Espire y flexione la rodilla derecha hacia el pecho sujetándola con ambas manos. Inspire para estirar de nuevo los brazos por encima de la cabeza y estire la pierna derecha en el suelo. Espire y flexione la rodilla izquierda hacia el pecho sujetándola con ambas manos. Durante el ejercicio, los talones se deben mantener flexionados para activar las piernas. Repita seis veces con cada pierna. Prepárese para dejarse llevar durante el ejercicio, soltando todo lo que ya no necesite.

Torsión básica

Lleve las rodillas al pecho y extienda los brazos a los lados a la altura de los hombros. Lleve las rodillas hacia el codo derecho y relaje las piernas y los pies dejándolos caer hacia el suelo. Sujete la rodilla que queda encima con la mano derecha para anclar las piernas. Mire hacia la izquierda y mantenga la postura de cinco a diez respiraciones, dejando conscientemente que la gravedad haga el trabajo por usted. Tan solo déjese llevar. Repita hacia el otro lado.

Postura de la mariposa en posición supina

Estírese en el suelo con una almohada cilíndrica o un cojín debajo de cada rodilla. Una las plantas de los pies y deje caer las rodillas sobre el soporte que tienen debajo. Con suavidad, ponga los dedos sobre el abdomen, respirando con el estómago. Cierre los ojos. Relaje por completo el cuerpo y advierta cómo las manos suben y bajan con la respiración de cinco a diez minutos. Relájese, tenga fe, todo lo que necesita para conseguir sus objetivos ya está en su interior. Siéntalo profundamente con usted y permita que esto le dirija el resto del día. Bien hecho.

HERRAMIENTAS PARA
EL CUIDADO PERSONAL

▸ Siéntese y respire. Dese mentalmente un golpecito
en la espalda por dedicarse a usted y absorber
una gran cantidad de información vivificadora.
Esto es autocuidado activo y el siguiente paso es actuar.
Reflexione sobre la persona que aspira ser y reconozca
que su compromiso con el autocuidado es el medio
por el que logrará ser su «mejor yo» —no hay nada
egoísta en ello; de hecho, piense en lo que se benefician
todos sus seres queridos.

Brené Brown lo resume perfectamente así: «Sea el adulto
que quiere que sus hijos sean»[45]. Si no tiene hijos, entonces
sea el adulto que sus padres deseaban que fuese.
Lo que eso significa varía para cada uno de nosotros,
pero en mi caso, quiero que mis hijos tengan una relación
positiva con el autocuidado y que tengan muchos
recursos que les ayuden a enfrentarse a los desafíos
de la vida. La mejor manera en que les puedo enseñar
es comprometiéndome de un modo activo con el
autocuidado, involucrarlos en el proceso y enseñarles
su valor. También quiero que sean unos seres humanos
fuertes, buenos y diligentes, y tienen que saber lo que
deben hacer para ser la mejor expresión de sí mismos.
Si quiero que valoren estas cualidades, tengo que darles
ejemplo, y solo puedo ser esa persona cuando cuido
mi saldo de energía con el autocuidado. Y no solo es
importante para los padres, esto vale para cualquier
relación. Si usted desea que las personas que le rodean
sean amables y pacientes, lo mejor es empezar por ser
uno mismo amable y paciente.

▸ Sea proactivo —vuelva a leer la rueda de la vitalidad y hágala suya—. Anote varias actividades de autocuidado inspiradas en cada camino de la rueda de la vitalidad. Utilice sus notas para crear sus propias herramientas de autocuidado y téngalas a mano para poder consultarlas con facilidad. Puede hacer una lista con todas las actividades de autocuidado que le atraigan en este momento, o bien puede probar una de mis maneras preferidas de poner el autocuidado en práctica: elaborando una lista de ánimo y anotando qué hará para sentirse mejor en esa circunstancia. Escriba sus afirmaciones de la siguiente manera: «Cuando me sienta X, haré Y».

Esto es autocuidado activo y el siguiente paso es actuar.

Para que tenga un ejemplo, mis herramientas,
en este momento, son:

Me siento con la moral baja, de
modo que voy a utilizar mi diario
de la vitalidad para reflexionar
sobre mis objetivos.

Estoy cansada, de manera
que me voy a poner bien derecha
y voy a hacer seis respiraciones
de la montaña.

Siento que no tengo tiempo para
nada, de modo que repetiré: «Tengo
todo el tiempo que necesito».

Estoy nerviosa, así que suavizaré
la respiración y cualquier tensión
física que sienta se relajará.

Me siento sola, de modo que voy
a echar un vistazo a los que están

en mi equipo y recurrir a alguno
de ellos.

Si me siento volátil, buscaré
la naturaleza y disfrutaré
de su belleza.

Si me siento dispersa, me centraré
en mi «porqué» particular.

Si estoy aburrida, pensaré en algo
que esté deseando hacer.

Si estoy harta, me daré un paseo
alrededor de la manzana para
desahogarme.

Si me siento frustrada con
alguien a quien quiero, pensaré
en sus cualidades.

Si estoy contenta, lo saborearé.

Esta lista no es exhaustiva, pero me ayuda a abrirme camino entre mi cháchara mental y la inercia, y a hacer algo constructivo. La razón por la que me gusta tanto esta estrategia es que cada afirmación es como un compromiso que me he hecho. Leerla en tiempos difíciles aumenta mucho la posibilidad de que tenga un comportamiento positivo en lugar de pasarlo mal con una reacción emocional que potencialmente sabotea mis objetivos. Estoy segura de que esto también le ayudará a lidiar mejor con las épocas de estrés.

BUSCAR TIEMPO PARA DEDICARLO AL AUTOCUIDADO

▶ Si le parece una buena idea, concierte una cita consigo mismo y planee la actividad de autocuidado que vaya a disfrutar. En momentos de estrés, consulte las notas de su rueda de la vitalidad o sus herramientas de autocuidado y escoja algo que le ayude a lidiar mejor con esa situación. Cuando tenga un momento libre, use estos recursos para decidirse por una actividad vivificadora y no perder la oportunidad de cargarse de energía. Tendrá que seguir releyendo este libro para mantener fresco su compromiso y su motivación fuerte —esté preparado para ello—. Mantenga sus herramientas en constante evolución para que sean más efectivas. Espero que también disfrute con el yoga.

Si le gusta el proceso de escribir, relea su diario de la vitalidad y eche un vistazo a los objetivos que ha establecido antes. ¿Le gustaría corregirlos o añadir otros nuevos? Si todavía no ha establecido unos objetivos, ¿está preparado para realizar un contrato psicológico consigo mismo? ¿Puede definir tres pasos a realizar que le ayuden a conseguir sus objetivos y decidir unos tiempos aproximados para llevarlos a cabo? ¿Hay algo que pueda hacer ahora? ¡Para qué esperar!

EL AUTOCUIDADO NO ES EGOÍSTA

▶ Y cuando ese duendecillo levante la cabeza y diga: «Esto es un capricho», «No tienes ni el tiempo ni la energía», hágalo desaparecer con una sonrisa. Esos pensamientos que le limitan son simplemente mentiras. Si vive una época de estrés y siente la tentación de poner el autocuidado en la cesta de «las cosas demasiado difíciles», por favor, no lo haga, ese es el momento en que más lo necesita y le ayudará a seguir adelante. Reconstruir sus reservas de energía con el autocuidado después de un período difícil, de cambio o de mucha pena no es algo extravagante, es la forma de que vuelva a levantar la cabeza. Mantener las reservas de energía siempre llenas para evitar que los contratiempos inevitables de la vida le desmoralicen no es un lujo, es algo sensato, acertado y necesario. Cuidar su mente, su corazón y su cuerpo para poder ser el tipo de persona que usted desea ser no solo por usted, sino también por los que le rodean, no es un capricho. ¡Hay tiempo! Hay formas de cuidarse que no requieren ni energía ni esfuerzo. No tiene más que abrir los ojos y reconocerlo.

Muchísimas gracias por haberme acompañado en este viaje. Espero que se sienta equipado e inspirado con formas de cuidar de sí mismo física, emocional, enérgica y mentalmente. Aunque gran parte de todo lo que hemos visto no es más que sentido común, puede resultar difícil ponerlo en práctica, así que vaya despacio y con calma. No deje que su rutina de autocuidado se convierta en otro de los puntos de su lista de cosas por hacer. Si no alcanza sus propósitos, no se lo reproche. No olvide su «porqué» particular. Lo más importante es seguir actuando. Se merece crecer, y la única persona que puede hacer algo en ese sentido es usted. Estamos juntos en esto.

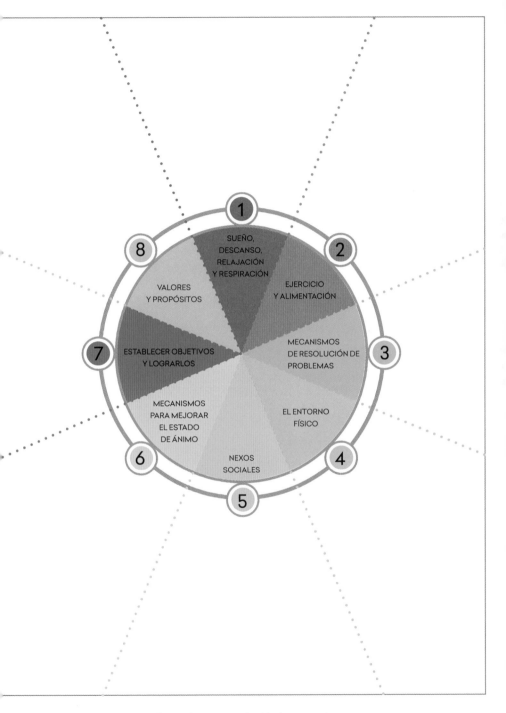

MANTRAS Y AFIRMACIONES

El autocuidado es cuidar la salud.

El autocuidado no es un acto egoísta.

El autocuidado no es yo primero, sino yo también.

 Dormir para conservar la cordura.

¿REALMENTE hay que hacer esto ahora?

Es hora de que descanse.

Nada me requiere en este momento.

Si no puedo dormir, descansaré. Si no puedo ralentizar mi mente, relajaré mi cuerpo. Recibo la inspiración, me rindo a la espiración. Me convierto en mi respiración.

Libero lo que ya no necesito, libero lo que ya no me sirve.

 Moverse por la salud mental.

Si me voy a dar un capricho, entonces lo saborearé.

Si comes como un gorrión, tendrás un cerebro de gorrión.

 Me diluyo en este momento.

Me doy permiso para...

Ponga un círculo alrededor.

¿Puedo hacer algo sobre esto?

¡No se crea todo lo que piensa!

¿Cuál es el lado bueno en este caso?

¿Importará dentro de un año?

Tengo todo el tiempo que necesito.

Casa ordenada, mente ordenada.

Siento el apoyo de la tierra que está bajo mis pies.

Dejo que la tierra sujete mi cuerpo.

Estoy seguro, me quieren, me abrazan.

Soy amor radiante.

Las personas heridas hieren a los demás.

Sobre todo, sea amable.

No seas LA persona importante, sé UNA persona importante.

Estamos en esto juntos.

Es el momento de disfrutar, todo lo demás puede esperar.

¡Mire hacia arriba!

Mi día puede empezar de nuevo en cualquier momento.

Ya soy suficiente. Ya estoy entero. Ya soy perfecto.
No hay hueco que llenar, nada que arreglar, nada por hacer.

Disparo mi lanza de intenciones.

El universo me apoya a mí y a mis intenciones.

Estoy decidido, nada me alejará de mi camino.

Todo lo que necesito para lograr mis aspiraciones
ya está en mi interior.

Me aprecio.

Todo lo que soy lo ofrezco al servicio de toda la humanidad,
y estoy sumamente agradecida por todo lo que recibo.

¿Con qué he contribuido hoy?

Actúo según mis valores.

¡Está llegando!

REFERENCIAS

[1] World Health Organisation Executive Board: «Global burden of mental disorders and the need for a comprehensive, coordinated response from health and social sectors at the country level», EB130/9 sesión 130, 1 de diciembre de 2011. Provisional agenda item 6.2

[2] Frederick, S. y G. Loewenstein, «Hedonic adaptation», en D. Kahneman, E. Deiner y N. Schwarz (eds.), *Wellbeing: The foundations of hedonic psychology*, Nueva York, Russell Sage Foundation, 1999, págs. 302-329.

[3] Falsafi, N., «A Randomized Controlled Trial of Mindfulness Versus Yoga: Effects on Depression and/or Anxiety in College Students», *Journal of the American Psychiatric Nurses Association* (26 de agosto de 2016).

[4] De Manincor, M.; A. Bensoussan; C. Smith; K. Barr; M. Schweickle; L. Donoghoe; S. Bourchier y P. Fahey, «Individualised yoga for reducing depression and anxiety, and improving well-being: a randomized controlled trial», *Depression and Anxiety* (2016), 1-13.

[5] Bhatia T.; S. Mazumdar; J. Wood; F. He; R. E. Gur; R. C. Gur; V. L. Nimgaonkar y S. N. Deshpande, «A randomised controlled trial of adjunctive yoga and adjunctive physical exercise training for cognitive dysfunction in schizophrenia», *Acta Neuropsychiatrica*, 12 (agosto de 2016), 1-13

[6] Chaturvedi, A.; G. Nayak; A.G. Nayak y A. Rao, «Comparative Assessment of the Effects of Hatha Yoga and Physical Exercise on Biochemical Functions in Perimenopausal Women», *Journal of Clinical and Diagnostic Research*, 10 (agosto de 2016), 8.

[7] Rhodes, A.; J. Spinazzola y B. van der Kolk, «Yoga for Adult Women with Chronic PTSD: A Long-Term Follow-Up Study», *Journal of Alternative Complementary Medicine*, 22 (3) (marzo de 2016), 189-196

[8] Yadav, R.1; R. K. Yadav; R. Khadgawat y N. Mehta, «Beneficial Effects of a 12-Week Yoga-Based Lifestyle Intervention on Cardio-Metabolic Risk Factors and Adipokines in Subjects with Pre-Hypertension or Hypertension», *J Hypertens*, 34 (septiembre de 2016), Suplemento 1.

[9] Chu, P.; A. Pandya; J. A. Salomon; S. J Goldie y M. G. Hunink, «Comparative Effectiveness of Personalized Lifestyle Management Strategies for Cardiovascular Disease Risk Reduction», *Journal of the American Heart Association*, 5 (3) (29 de marzo de 2016), e002737.

[10] Frank, R. y J. Larimore, «Yoga as a method of symptom management in multiple sclerosis», *Frontiers of Neuroscience*, 9 (2015), 133.

[11] Sharma, M.; V. C. Lingam y V.K. Nahar, «A systematic review of yoga interventions as integrative treatment in breast cancer», *J Cancer Res Clin Oncol*, 15 (septiembre de 2016).

[12] Cheung, C.; J. Park y J. F. Wyman, «Effects of Yoga on Symptoms, Physical Function, and Psychosocial Outcomes in Adults with Osteoarthritis: A Focused Review», *American Journal of Physical Medicine and Rehabilitation*, 95 (2) (febrero de 2016), 139-151.

[13] Satish, L. y V. S. Lakshmi, «Impact of individualized yoga therapy on perceived quality of life performance on cognitive tasks and depression among Type II diabetic patients», *International Journal of Yoga*, 9 (2) (julio–diciembre de 2016), 130-136.

[14] Wang, F.1; Eun-Kyoung Lee O.2; Feng F.1; Vitiello M.V.3; Wang W.4; Benson H.5; Fricchione G.L.5 y Denninger J.W.5, «The effect of meditative movement on sleep quality: A systematic review», *Sleep Medicine Reviews*, 30 (12 de diciembre de 2015), 43-52.

[15] Ross, A.; A. Brooks; K. Touchton-Leonard y G. Wallen, «A Different Weight Loss Experience: A Qualitative Study Exploring the Behavioural, Physical, and Psychosocial Changes Associated with Yoga That Promote Weight Loss», *Evidence Based Complementary Alternative Medicine*, (2016), 2914745.

[16] Motorwala, Z.S.1; Kolke, S.1; Panchal, P.Y.1; Bedekar, N.S.1; Sancheti, P.K.2 y Shyam, A2, «Effects of Yoga asanas on osteoporosis in postmenopausal women», *International Journal of Yoga*, 9 (1) (enero-julio de 2016), 44-48.

[17] UK Sleep Council, «Great British Bedtime Report 2013».

[18] Van Dongen, H. P.; G. Maislin; J. M. Muligan y D. F. Dinges, «The Cumulative Cost of Additional Wakefulness: Dose-Response Effects on Neurobehavioral Functions and Sleep Physiology from Chronic Sleep Restriction and Total Sleep Deprivation», *Sleep*, 26 (2003), 117-126.

[19] Williamson, A. M. y A. Feyer, «Moderate Sleep Deprivation Produces Impairments in Cognitive and Motor Performance Equivalent to Legally Prescribed Levels of Alcohol Intoxication», *Occupational & Environmental Medicine* 57, 649 (2000), 55.

[20] Chang, A. M.; D. Aeschbach; J. F. Duffy; C. A. Czeisler, «Evening use of light-emitting eReaders negatively affects sleep, circadian timing, and next-morning alertness», *Proceedings of the National Academy of Sciences USA*, 112 (2015), 1232-1237.

[21] Seligman, M. Flourish, *A Visionary New Understanding of Happiness and Well-being*, Nueva York, Free Press 2011, págs. 33-34.

[22] Chen, N.; X. Xia; L. Qin; L. Luo; S. Han; G. Wang; R. Zhang y Z. Wan, «Effects of 8-Week Hatha Yoga Training on Metabolic and Inflammatory Markers in Healthy, Female Chinese Subjects: A Randomized Clinical Trial», *Biomed Research International*, vol. 2016 (2016), Article ID 5387258, 12 páginas.

[23] Singleton, O.; B. K. Hölzel; M. Vangel; N. Brach; J. Carmody y S. W. Lazar, «Change in Brainstem Gray Matter Concentration Following a Mindfulness-Based Intervention is Correlated with Improvement in Psychological Well-Being», *Frontiers in Human Neuroscience*, 8 (18 de febrero de 2014), 33.

[24] Rani, K.; S. Tiwari; U. Singh; G. Agrawal; A. Ghildiyal y N. Srivastava, «Impact of Yoga Nidra on psychological general well-being in patients with menstrual irregularities: A randomized controlled trial», *International Journal of Yoga*, 4 (1) (enero-junio de 2011), 20-25.

[25] Lark, L. y T. Goullet, *Healing Yoga*, Londres, Carlton Books, 2005.

[26] Seppala, E. M.; J. B. Nitschke; D. L. Tudorascu; A. Hayes; M. R. Goldstein; D. T. H. Nguyen; D. Perlman y R. J. Davidson, «Breathing-based meditation decreases post- traumatic stress disorder symptoms in military veterans: A randomized controlled longitudinal study», *Journal of Traumatic Stress*, volumen 27, n.º 4 (agosto de 2014), 397-405.

[27] Gollwitzer, P., «Implementation Intentions: Strong Effects of Simple Plans», *American Psychologist*, 54, n.º 7 (1999), 493-503.

[28] Crum, Alia J. y Ellen J. Langer, «Mind-set matters: Exercise and the placebo effect», *Psychological Science*, 18, n.º 2 (2007), 165-171.

[29] http://gretchenrubin.com/happiness_ project/2012/10/ back-by-popular-demand-are-you-an-abstainer-or-a- moderator/

[30] Lyubomirsky, S. y Tkach, C., «The consequences of dysphoric rumination», en C. Papageorgiou y A. Wells (eds.), *Rumination: Nature, theory, and treatment of negative thinking in depression*, Chichester, John Wiley and Sons, 2003, págs. 21-41.

[31] Tedeschi, R. G. y L. G. Calhoun, *Trauma and transformation: Growing in the aftermath of suffering*, Thousand Oaks, CA, Sage, 1995.

[32] Peterson, C.; N. Park; N. Pole; W. D'Andrea y M. Seligman, *Journal of Traumatic Stress*, Vol. 21, n.º 2 (abril de 2008), 214-217.

[33] Walsh, R., «Lifestyle and Mental Health», *American Psychologist*, vol. 66, n.º 7 (2011), 579-592.

[34] Walsh, R., *Essential spirituality: The seven central practices*, Nueva York, Wiley, 1999.

[35] Kondo, M., *The Life Changing Magic of Tidying*, Londres, Vermillion, 2011.

[36] Fredrickson, B. L., *Love 2.0 How Our Supreme Emotion Affects Everything We Fell, Think, Do and Become*, Nueva York, Hudson Street Press, 2013.

[37] Gable, S. L.; G. C. Gonzaga y A. Strachman, «Will you be there for me when things go right? Supportive responses to positive event disclosures», *Journal of Personality and Social Psychology*, 91(5) (2006), 904-917.

[38] Gottman, J. M., *What predicts divorce: The relationship between marital processes and marital outcomes*, Hillsdale, NJ, Lawrence Erlbaum, 1994.

[39] Peper, E. y I. Lin, «Increase or Decrease Depression: How Body Postures Influence Your Energy Level», *Biofeedback*, vol. 40, n.º 3 (2012), 125-130.

[40] Lyubomirsky, S., *The How of Happiness*, Londres, Piatkus, 2007.

[41] Adams Miller, C. y M. Frisch, *Creating your best life: The Ultimate Life List Guide*, Nueva York, Sterling, 2009.

[42] Cantor, N. y C. A. Sanderson, «Life task participation and well-being: The importance of taking part in daily life», en D. Kahneman, E. Diener y N. Schwarz (eds.), *Well-being: The foundations of hedonic psychology*, Nueva York, Russell Sage Foundation, 1999, 230-243.

[43] Lyubomirsky, S., *The How of Happiness*, Londres, Piatkus, 2007.

[44] Logel, C.; G. Cohen, «The role of the self in physical health: testing the effect of a values-affirmation intervention on weight loss», *Psychological Science*, vol. 23 (2013), 53-55.

[45] Kogan, J., «Brené Brown: Be the adult you want your children to be», *The Washington Post* (5 de octubre de 2012).

referencias

ÍNDICE

índice

Merece crecer,
y la única persona
que realmente
puede hacer algo
en ese sentido
es usted.

AGRADECIMIENTOS

Aunque el autocuidado ha sido mi tónico, el amor y el apoyo de mi familia y mis amigos son los que me han ayudado de verdad. Gracias infinitas a mi marido, Dave, que ha caminado junto a mí los últimos catorce años; a mis padres, que me dieron todas las oportunidades posibles, y a mis hermanos Michael y Robert, por guiarme y darme ánimos. Gracias, Helen, Kim, Shaz y Noelene, por ofrecerme siempre vuestra ayuda. A mis maravillosos amigos: Lani, Trent, Brent, Dawn, Jo, Brad, Asty, Mal, Sally y Karen, que me levantaron el ánimo cuando la vida parecía tremendamente pesada. A Amanda Hay y a Michael, de Manincor, que han desempeñado un papel decisivo en mi viaje hacia la curación. A Nikki, Charlotte y Donna, por hacer que un lugar nuevo lo sintiese enseguida como mi hogar. Un profundo agradecimiento a mi agente, Jane Graham-Maw, y a Kate Adams, de Aster, por ofrecerme esta oportunidad. Charlotte y Teddy, gracias por vuestra paciencia y por vuestros abrazos enormes: vosotros hacéis que todo merezca la pena.

Créditos de las fotografías
123RF Anna Om 19; mycteria 8; Dreamstime.com Michal Bednarek 12; istockphoto.com _chupacabra_ 156; aLittleSilhouetto 65; aluxum 131; bgfoto 195; bgton 146; blyjak 183; borchee 35, 111, 201, 177; BrianAJackson 74; Brzozowska 88; cruphoto 93; debibishop 116; digitalgenetics 133; georgeclerk 55; Givaga 149; Goettingen 142; Gooddenka 134; hidesy 11; IakovKalinin 164; Jeja 175; Mik122 4; Montypeter 32; mvp64 109; powerofforever 180; Rike_ 22, 37; robilee 198; Scacciamosche 212; STILLFX 43; stock_colors 105; Sun_Time 85; Trifonov_Evgeniy 113; yigitdenizozdemir 162; zoom-zoom 159; Shutterstock Alex Illi 3 and repeats; Eillen 83; Galyna Andrushko 87; JetKat 71; Patiwat Sariya 50; Volodymyr Goinyk 46; icemanphotos 59; Khongtham 21; Meister Photos 90; Sundari 15; Triff 45; vvvita 67; Unsplash Andrew Small 120; Jonas Weckschmied 24; Syol Sujuaan 106.